H. von Scheel

Die Theorie der sozialen Frage

H. von Scheel

Die Theorie der sozialen Frage

ISBN/EAN: 9783743338012

Hergestellt in Europa, USA, Kanada, Australien, Japan

Cover: Foto ©Suzi / pixelio.de

Manufactured and distributed by brebook publishing software
(www.brebook.com)

H. von Scheel

Die Theorie der sozialen Frage

Die Theorie

der

Sozialen F[...]

Von

Dr. H. von Sche[...]

ordentl. Professor der Staatswissenschaften an de[...]

Jena,

Druck und Verlag von Friedri[...]

1871.

Vorwort.

Der Verfasser hat dieser Schrift den Titel „Theorie der sozialen Frage" gegeben, um anzudeuten, daß im Nachfolgenden erstens eine systematische Erforschung der sozialen Frage und Zusammenfassung ihrer einzelnen Theile versucht werden soll, zweitens ein wissenschaftlicher, kein Partei=Standpunkt dem Gegenstand gegenüber eingenommen ist, und drittens die unmittelbar praktische Seite keine hervorragende Berücksichtigung finden sollte. Nur indirekt ergeben sich aus den Betrachtungen Vorschläge zur Lösung der sozialen Frage insofern, als die vorhandenen auf ihre Brauchbarkeit, ihre Uebereinstimmung mit den als richtig erkannten Prinzipien geprüft werden mußten. Die Richtung freilich, welche für die Reform nothwendig erscheint, mußte klar bezeichnet werden, die einzelnen Maßregeln aber, welche wir als entsprechend hinstellten, sollen die Summe aller möglichen und wünschenswerthen keineswegs erschöpfen.

Daß dem Unbefangenen diese Untersuchungen unbefangen und keiner Partei zu Liebe geschrieben erscheinen werden, steht zu hoffen; sich bei Behandlung solcher Fragen vor Verkennung durch Parteien sicher zu glauben, wäre vermessen.

7. Oct. 1871.   v. Scheel.

Inhalt.

1.

Die Formulirung der sozialen Frage.

Der Ausdruck „Soziale Frage" tönt heutzutage in Literatur und Gespräch so unzählige Male wieder, die soziale Frage wird allgemein als so wichtig und interessant und der Lösung bedürftig bezeichnet, daß es wohl Pflicht jedes Gebildeten ist, sich über das Wesen der sozialen Frage Rechenschaft zu geben oder sich wenigstens über dieselbe orientiren zu lassen. Und einer solchen Orientirung sind wir, wie es scheint, noch recht dringend bedürftig. Zwar wird ein Jeder sich im Allgemeinen bewußt sein, worauf es ungefähr ankommt; forscht man aber näher nach, so wird man auch von wissenschaftlich gebildeten Leuten befürchten müssen, weder klare noch übereinstimmende Antworten zu erhalten und ebenso wenig wird man in der immer zahlreicher werdenden Literatur befriedigenden Aufschluß zu erhalten hoffen dürfen. Der Eine wird sagen: die soziale Frage bestehe in der sichtlich höchst ungleichen Gütervertheilung, welche der neueren Entwickelung der Volkswirthschaft eigenthümlich sei; der Reichthum der Völker wachse zwar ungemein rasch, aber man sehe die Reichen riesig schnell reich werden, während anderseits das Proletariat

1

erschreckend zunehme; große Reichthümer an der Seite
zahlreicher Armuth! Dieses Mißverhältniß mache die
soziale Frage aus, und die Beseitigung desselben die
Lösung dieser. — Ein Anderer wird sagen, die soziale
Frage sei der Kampf zwischen Kapital und Arbeit. Die
jetzige Art der Arbeitsentlohnung bringe es mit sich,
daß die Arbeitgeber und Arbeitnehmer sich feindlich ge=
genüber treten; die Einen verlangen möglichst billig
Arbeitskraft zu kaufen, die Andern sie möglichst theuer
zu verkaufen. Die Streitkräfte seien aber insofern un=
gleich, als die Unternehmer vermöge ihres Rückhalts
im Kapital und ihres Eigenthums am Arbeitsstoff die
stärkeren sind und den Besitzlosen, unter einander stark
concurrirenden Arbeitern harte Bedingungen auferlegen
können, die sich in niedrigen Löhnen, übermäßiger
Arbeit, Unsicherheit des Erwerbes den Arbeitern fühlbar
machen. Dies führe zum Kampf der letzteren gegen
die Kapitalisten, und diesen Kampf zum Nutzen beider
Parteien beizulegen, heiße die soziale Frage beantwor=
ten. — Eine dritte Antwort wird lauten: es gebe nicht
nur eine soziale Frage, sondern eine ganze Reihe von
sozialen Fragen, als da sind: die Arbeiterfrage, die
Frauenfrage, die Wohnungsfrage, die Frage nach Be=
seitigung der Uebervölkerung, des Wucherthums, der
stehenden Heere, die Frage der Volksernährung bis
herab zur Austernfrage, und wie sonst die Fragen noch
alle heißen mögen, welche gegenwärtig im Volksleben
auftauchen und der Erledigung harren. — Und von

einem Vierten endlich wird man vielleicht die Erklärung
hören: daß die soziale Frage nur ein Hirngespinnst der
sogenannten Sozialisten und Communisten sei, welche
im Publikum eine falsche Auffassung des wirthschaft=
lichen Lebens verbreitet hätten, indem sie nicht beachte=
ten, daß dieses durch unabänderliche Naturgesetze regiert
werde; und wenn sich einzelne volkswirthschaftliche
Uebelstände zeigten, so beruhe dies nur darauf, daß
unzweckmäßiges staatliches Eingreifen die Geltendma=
chung der großen wirthschaftlichen Gesetze hemmen. —
Diese und ähnliche Antworten würde man zu hören
bekommen, aus deren Vergleichung man kaum etwas
Anderes wird entnehmen können, als daß die soziale
Frage ein Problem sei, welches tieferes Studium und
unparteiische Prüfung erfordert.

Halten wir uns zunächst an den Ausdruck: So=
ziale Frage, so bekundet derselbe unzweideutig, daß
man sich nicht auf die einseitige Betrachtung entweder
der rein wirthschaftlichen oder der rein politischen Ver=
hältnisse unseres Volkslebens beschränken darf, sondern
daß der gegenwärtige Zustand der Gesellschaft — denn
sozial heißt ja gesellschaftlich — das Problem oder die
Reihe von Problemen liefert, welche sich an die Zweifel
über seine Vollkommenheit knüpfen. Die Gesellschaft
aber ist das politisch und wirthschaftlich gegliederte
Volk; und darum scheint denn eine Untersuchung dieser
Gliederung die Grundbedingung für das Verständniß,
für die Bestimmung und also auch für die Lösung der

sozialen Frage zu sein. Und zwar muß es uns selbstverständlich darauf ankommen, die Eigenthümlichkeit
gerade der gegenwärtigen, der modernen Gesellschaftsverfassung aufzufinden, um die soziale Frage für die
Gegenwart richtig zu stellen und damit die Möglichkeit
einer richtigen Beantwortung vorzubereiten; denn die
erste Vorbedingung, um der Wissenschaft und Praxis
die Lösung der Frage zu erleichtern, ist unzweifelhaft
die richtige Fragstellung.

Um nun aber die Eigenthümlichkeit der modernen
Gesellschaftsverfassung in ein recht helles Licht zu setzen,
wird nichts wirksamer sein, als daß wir uns die Entwickelung der Gesellschaft in deren wichtigsten Cultur-
phasen kurz vergegenwärtigen.

Drei Hauptformen in der kulturgeschichtlichen Entwickelung der Gesellschaft lassen sich als mit scharf
geschiedenen Charaktereigenthümlichkeiten versehen her-
ausheben; es sind: die antike, die mittelalterliche, die
moderne Volksgesellschaft. Versuchen wir, eine jede von
ihnen in möglichst klaren Grundlinien hinzuzeichnen;
wir dürfen eine fruchtbare Anwendung solcher Betrachtung auf die Erkenntniß der uns vorschwebenden Frage
hoffen.

Zuerst also das Alterthum, welches uns durch die
beiden alten Kulturvölker der Römer und Griechen ver-
treten wird. Die Zusammensetzung der antiken Gemeinwesen war die, daß die Bevölkerung bestand aus einer

verhältnißmäßig kleinen politischen Gemeinde und einer
großen Masse von Sklaven, welche nur als Wirth=
schaftsmittel dienten und an der Staatsgemeinschaft gar
keinen Antheil hatten. Die Staatsgemeinschaft der
freien Bürger aber wurde von der Idee getragen, daß
der Mensch erst Werth erhalte durch den Staat, daß
nicht der Mensch als solcher, sondern nur als Bürger
des Staates Recht beanspruchen könne. Während somit
das Leben im Staat, die Sorge für den Staat, seine
Entwickelung und Vergrößerung, die politische und mi=
litärische Betheiligung an den Staatsangelegenheiten
als natürlicher Beruf und einzig würdige Beschäftigung
des freien Bürgers galt, kannte auch der Staat für
seine Ansprüche keine Grenzen gegen seine Mitglieder.
Die wirthschaftliche Arbeit, zwar nothwendig als Vor=
bedingung der geistigen Cultur, aber zugleich ein Hemm=
niß der liberalen Ausbildung für den Arbeitenden selbst,
stand in Verachtung und wurde nur in wenigen Zweigen
von den freien Bürgern selbst ausgeübt. Ihre Verrich=
tung durch die Sklaven bewegte sich aber in ganz eigen=
thümlicher Form. Ein größeres Hauswesen, welches
mit Grundbesitz verbunden zu sein pflegte, beschäftigte
so viele und verschiedene Sklaven, daß alle Bedürfnisse
desselben ohne Inanspruchnahme fremder Kräfte durch
diese befriedigt wurden, zumal nicht nur Rohproduktion
und Fabrikation, sondern auch der Handel mit aus=
wärts von Sklaven besorgt wurde. Dadurch war eine
Erscheinung, welche unser heutiges Wirthschaftsleben

charakterisirt, gar nicht vorhanden oder nur sehr schwach
entwickelt: nämlich die Gliederung der Einzelwirthschaf=
ten nach Beschäftigungen, welche ihre gegenseitige Ver=
bindung und Unentbehrlichkeit bedingt, mit einem Wort:
die volkswirthschaftliche Arbeitseintheilung und Arbeits=
vereinigung. Und dazu kommen noch folgende wirth=
schaftlich bestimmende und charakteristische Umstände:
erstens beruhte die Staatswirthschaft und besonders die
altrömische zum größten Theile auf der Besteuerung des
unterjochten Auslandes, der unterthänigen Provinzen
in allerlei Form; zweitens entstammte auch ein großer,
wenn nicht der größte Theil der Reichthümer in Privat=
händen nicht wirthschaftlichen Beschäftigungen, sondern
der Eroberung, der Erpressung, dem Gebrauch und
Mißbrauch der zahlreichen, auf kurze Zeit durch Wahl
verliehenen Aemter, deren Inhaber dieselben zur schnellen
Bereicherung namentlich auf Kosten der Provinzialen
zu brauchen pflegten; drittens wurden die ärmeren Bür=
ger durch den Kriegs= und Civildienst, sowie durch
großartige Liberalität des Staats und der Reichen der
produktiven wirthschaftlichen Arbeit größtentheils ent=
hoben; und endlich viertens müssen wir hinzunehmen,
daß jene südlichen Himmelsstriche dem Aermeren seine
Bedürfnisse auf sehr Weniges zu reduziren gestatten.
Dies Alles zusammen genommen, ergiebt uns erstens
eine sehr geringe Ausbildung der Volkswirthschaft und
zweitens eine völlige Unterordnung des wirthschaftlichen
unter das politische Leben; und diese Kennzeichen sind

besonders deutlich zu verfolgen in der römischen Geschichte und römischen Rechtsbildung.

Die zweite Epoche, das sogenannte Mittelalter
unserer Kulturvölker, zeigt uns eine wesentlich veränderte
Gestaltung der Volksgesellschaft. Der hervorstechendste
Charakterzug ist die Gliederung der Bevölkerung in
Stände, welche das politische und wirthschaftliche Leben
in sich schließen. Kriegerthum und Geistlichkeit, welche
heute nur mehr Berufszweige sind oder wenigstens sein
sollen, Landwirthschaft, Gewerbe und Handel behaupteten ihre eigenthümlichen Rechtssphären unabhängig
vom Staate, und durch diese selbständige Gliederung
konnte das Volksleben den schädlichen Einfluß von sich
abwehren, welchen die beständigen Zerstörungen und
Neubildungen staatlicher Gemeinwesen, von denen das
Mittelalter erfüllt ist, hätten haben müssen. Auf wirthschaftlichem Grunde ruhend bildeten sich innerhalb der
Stände Rechts- und Herrschaftsverhältnisse aus, welche
das politische wie wirthschaftliche Leben der Genossen
regelten und es den anderen Ständen, wie dem Staate
gegenüber mit Schranken umgaben. Dem ganzen mittelalterlichen Leben aber drückte ihr Gepräge auf die
aus militärischen und landwirthschaftlichen Elementen
aufgebaute Lehnsverfassung, deren festes, aber schwer-
fälliges Gefüge von Rechten und Pflichten, von Herr-
schafts- und Dienstverhältnissen dem Volksleben nur
eine langsame Entwickelung gestattete, welche durch
keine belebende und interessenverknüpfende Staatsgewalt

beschleunigt wurde. Das Mittelalter zeigt uns also die
politische und die wirthschaftliche Gesellschaft eigenthüm=
lich durchwoben, durch einander bedingt und beschränkt;
die eine durch die andere gesichert und gehemmt; wäh=
rend das Alterthum das wirthschaftliche dem politischen
Leben völlig untergeordnet darstellte.

Und jenen gegenüber betrachten wir nun die mo=
derne Gesellschaftsgestaltung. Nicht mehr eine kleine
Gemeinde von Vollbürgern, wie in der ersten Periode,
nicht mehr durch Standesrechte regierte Gemeinwesen,
wie in der zweiten, treten uns entgegen, sondern die
Nationen sind in starke Staaten centralisirt, welche es
sich zur Aufgabe setzen, die staatsbürgerliche Gleich=
berechtigung aller ihrer Mitglieder durchzuführen. Der
moderne Culturstaat stellt die Gleichheit Aller vor dem
Gesetz und die Freiheit des Einzelnen, soweit die Sicher=
heit von Leben und Eigenthum der Anderen bewahrt
bleibt, als Grundbedingungen der geistigen und mate=
riellen Entwickelung des Volkes hin. Auf politischem
Gebiete weist und führt dies zur ungeschmälerten Glau=
bens= und Meinungsäußerung, zur wenigstens mittel=
baren Theilnahme Aller an der Gesetzgebung, zur Gleich=
heit der Steuer= und Wehrpflicht, zur möglichst gleich=
mäßigen und innigen Betheiligung des Einzelnen am
Staatsleben, zum allgemeinen Staatsbürgerthum; in
wirthschaftlicher Beziehung aber wird die Verwirklichung
der Freiheit und Gleichheit dadurch angestrebt, daß
man die mittelalterliche Verbindung von politischen und

wirthschaftlichen Rechtsverhältnissen völlig aufhebt; die
wirthschaftliche Thätigkeit von staatlicher Einmischung
befreit, staatliche Bevorzugungen Einzelner oder ganzer
Klassen nicht mehr anerkennt. Man gesteht einem Jeden
gleiche Befugnisse in Verwerthung seiner wirthschaftlichen Fähigkeiten, sowie die Freiheit zu, ohne Verletzung
der gesetzlichen Rechte Anderer Arbeit und Eigenthum
anzuwenden, wo und wie er will. Das wirthschaftliche Leben soll sich nur nach wirthschaftlichen Gesichtspunkten regeln, und der Staat hat ihm gegenüber nur
die Pflicht, Rechtssicherheit für alle wirthschaftlichen
Handlungen zu garantiren und die Formen anzuerkennen und zu schützen, welche durch rechtlich zulässige
wirthschaftliche Handlungen geschaffen sind. Demnach
erscheint die wirthschaftliche Thätigkeit nur begrenzt
durch den Grad, in welchem man die Kräfte des
Menschen und der Natur zu benutzen und auszubeuten
gelernt hat und durch die Rücksicht auf die zur Aufrechterhaltung von Ordnung und Sicherheit im Staat
gegebenen Gesetze. Die Ansprüche, welche der Staat
an den Wirthschaftenden als solchen macht, bestehen
nur noch in der Anerkennung jener Gesetze und in einer
Abgabe vom Wirthschaftsertrage, um den Staat zur
Erreichung seiner Ziele zu befähigen. Wenn nun aber
nur noch wirthschaftliche Bestimmgründe für die Entfaltung und Ordnung der wirthschaftlichen Thätigkeit
maßgebend sind, wenn der Grundsatz billigster Herstellung und höchster Verwerthung der Güter überall Platz

greifen kann, der Gewinntrieb und Wetteifer keine äuße=
ren Hemmnisse finden, so muß dies nicht nur auf eine
Schärfung der wirthschaftlichen Fähigkeiten und höchste
Anspannung der wirthschaftlichen Kräfte hinwirken, son=
dern auch eine durch das Prinzip der Wirthschaftlichkeit
bedingte Theilung und Wiedervereinigung der Beschäf=
tigungen, Anwendung der verschiedenartigsten Geschäfts=
formen, Gliederung der Wirthschaftenden nach geistiger
und materieller Befähigung schaffen, und so die Be=
völkerung zu einem vielfach gegliederten wirthschaftlichen
Ganzen ohne politische Motive und Regelung, zu einer
selbständigen Volkswirthschaft zusammenbilden. — So
zeigt sich uns die Gestaltung der modernen Volkswirth=
schaft im liberalen Staate.

Somit sehen wir in dieser dritten, der neuzeitlichen
Periode, eine doppelte Organisation der Bevölkerung
innerhalb des Staates: eine politische und eine wirth=
schaftliche; es besteht eine wirthschaftliche und eine po=
litische Gesellschaft, zwar geeint durch dasselbe Prinzip
der Gleichheit und Freiheit, aber doch aus einander
strebend eben auf Grund desselben Prinzips, indem die
eine Organisation nicht wie im Alterthum und im Mit=
telalter durch die andere beherrscht wird.

Betrachten wir nun aber die weitere Wirksamkeit
jenes Princips der Freiheit und Gleichheit innerhalb
der beiden Gesellschaftssphären. Im politischen Leben
geschieht die Durchführung desselben durch die Verkör=
perung der politischen und wirthschaftlichen Gesellschaft:

den Staat selbst. Die frühere Gliederung der Gesellschaft, welche der Idee des allgemeinen Staatsbürger-
thums nicht entspricht, wird vernichtet; der alte künstliche
Rechtsbau mit seinen mannigfach verschlungenen Verhältnissen wird durch einen neuen, auf breitester Grundlage erbauten ersetzt; die Umwandlung der politischen
Fundamentalgesetze, der Grund-Rechte und Pflichten läßt
sich verhältnißmäßig leicht und gründlich durchführen,
sobald das Princip einmal klar erkannt ist; hier kann
das Ziel erreicht werden und wird erreicht. Anders
gestaltet sich die Sache der Volkswirthschaft gegenüber.
Hier besteht die Durchführung der Freiheit und Gleichheit nicht darin, daß man an Stelle des Alten einen
neuen künstlichen, nur einfacheren Rechtsbau aufführt,
sondern darin, daß man den früheren zerstört, die alten
Verbindungen löst und nun die Volkswirthschaft der
Regelung durch ihre eigenen rein wirthschaftlichen Motive überläßt.

Man wird sofort erkennen, daß sich damit ein
principieller, folgenschwerer Unterschied zwischen der Entwickelung der politischen und der wirthschaftlichen Gesellschaft geltend macht. Während dort die geschichtlich
gewordenen Grundverhältnisse: die Regierungsform, der
Ständeunterschied, das ganze System von Rechten und
Pflichten vernichtet und von Grund aus neu gebaut
werden, bleibt hier für die wirthschaftliche Gesellschaft
die geschichtlich gegebene Grundlage bestehen: nämlich
die Besitzverhältnisse und die Eigenthumsverfassung. Die

Besitzverhältnisse bleiben entweder ganz unangetastet oder
werden, wo die Trennung der politischen von den
wirthschaftlichen Rechtsformen dies erheischt, so geord=
net, daß der Werth des Besitzes überall erhöht wird;
das Eigenthum wird in der vom Römischen Recht, dem
Rechte eines Sklavenstaats, das keine Verbindung zwi=
schen Eigenthum und Arbeit kennt, aufgestellten Grund=
form: der ausschließlichen und rücksichtslosen Beherr=
schung von Vermögenstheilen, schärfer ausgebildet und
zudem besser geschützt, als im Lehnsstaat des Mittel=
alters der Fall war. Die jener Zeit entstammende
Verbindung mit der Arbeit, welche sich in den Natural=
leistungen und Diensten documentirte, wird vollends
hinweggeräumt. Eigenthum und Arbeit, Besitz und
Nichtbesitz verbleiben also, den Mengenverhältnissen
nach, auf ihrer geschichtlich gewordenen und festgestellten
Grundlage und werden nun, von formalen Schranken
befreit, der ferneren freien Entwickelung überlassen.

Dieses soeben constatirte Verhältniß müssen wir im
Auge behalten, wenn wir die Wirkung des modernen
Gesellschaftsprincips der Freiheit und Gleichheit in der
Gesellschaft im Allgemeinen, in der Volkswirthschaft im
Besonderen verfolgen wollen. Besitz und Arbeit stehen
also jetzt unverbunden und frei neben einander; jener
selbstständig durch sein Eigenthumsrecht; diese berechtigt,
Besitz zu erwerben wo und wie sie will. — Wer nun
aber besitzlos und nur mit Arbeitskraft ausgestattet in
diese neue Ordnung der Dinge eintritt und Stoff sucht

für seine Arbeit, der findet den Arbeitsstoff als Eigenthum unter die Besitzenden auf Grund der geschichtlich
gegebenen Verhältnisse vertheilt; er sieht sich also im
Gebrauch seiner Arbeitskraft von diesen abhängig. Die
juristische Form dieses Verhältnisses zeigt sich zwar nur
als ein Ausschließungsrecht der Besitzer des Arbeits-
stoffs den Arbeitern gegenüber; öconomisch aber wird
es zu einem Abhängigkeitsverhältniß, weil der Besitz
von Arbeitsstoff zugleich den Besitz von Unterhalts-
mitteln bedeutet. Der Besitz verleiht wirthschaftliche
Stärke und Ueberlegenheit über die bloße Arbeitskraft,
welche weder aufbewahrungsfähig ist noch ohne Unter-
haltsmittel leben kann; und nach rein wirthschaftlichen
Motiven rechnend, wird der Besitzende diese seine Ueberlegenheit fühlen lassen.

Hier beginnt also die Volkswirthschaft nach dem
Prinzip der Gleichheit und Freiheit sich selbst überlassen
ein in ihr liegendes Moment der Ungleichheit und Unfreiheit zu entwickeln.

Der Besitz steht aber nicht nur der Arbeit als eine
eigenthümliche Macht gegenüber, der Besitzer nicht nur
dem Arbeiter, sondern es steht auch Besitz neben Besitz,
Besitzer neben Besitzer; und zwar, wiederum auf Grund
geschichtlich gewordener Verhältnisse, zeigt sich der Besitz in den verschiedensten Größenabstufungen: Besitzer
von Quadratmeilen neben Besitzern unwohnlicher Hütten;
Kaufherrn von Millionen neben dem elenden Krämer-
laden; Fabrikanten, denen die Arbeit von Tausenden

zu Gebote steht, neben dem hartarbeitenden Kleinmeister.
All dieser Besitz ist von demselben Eigenthumsrecht umgeben, das dem großen wie dem kleinen dieselbe Freiheit garantirt; beide können auf gleichem Rechtsboden
nach der wirthschaftlichsten Verwerthung streben. Nun
aber liegt es im Wesen des wirthschaftlich angewendeten
Besitzes d. h. des Kapitals, daß seine wirthschaftliche
Kraft in einer progressiven Proportion zu seiner Größe
zunimmt. Der größere Kapitalist hat vor dem kleineren
die Vortheile voraus, daß er erstens aus verschiedenen allgemein bekannten Gründen billiger produziren,
zweitens durch seinen größeren Einfluß auf den Markt
seine Produkte besser verwerthen und drittens von dem
Geschäftsertrage einen kleineren Theil auf seine persönlichen Bedürfnisse, einen größeren auf die Fortsetzung
und Erweiterung seines Geschäfts verwenden kann.
Somit entwickelt der größere Besitz eine Ueberlegenheit
über den kleineren, und damit fördert die Volkswirthschaft, sich selbst überlassen, ein neues Element der Ungleichheit und Unfreiheit zu Tage. All diese Wirkungen machen sich in den verschiedenen Zweigen der Volkswirthschaft verschieden, aber sie machen sich geltend.

Und was finden wir nun als Ergebniß dieser
unserer Charakteristik der modernen Gesellschaft? Wir
konnten es als keines weiteren Beweises bedürftig hinstellen, daß dieselbe ihre Aufgabe erkenne in der Durchführung der Gleichheit und Freiheit aller ihrer Mitglieder als Grundbedingung der höchsten Culturentwick-

lung Aller. Zum Beweis der Wahrheit können wir uns auf das Bewußtsein Aller, auf den ganzen Gang der neueren Gesetzgebung berufen. Und wenn uns Jemand entgegnen wollte, daß es nicht die Durchführung der Gleichheit, sondern nur der Freiheit gelte, so können wir ihn darauf hinweisen, daß Freiheit ohne Gleichheit nur die Freiheit des Stärkeren, das sogenannte Recht des Stärkeren bedeuten würde. — Dieses Prinzip der Freiheit und Gleichheit sehen wir auf die politische wie auf die wirthschaftliche Gesellschaft gleichmäßig angewendet. Während wir aber in der einen das Mittel dem Zwecke entsprechend wirken sehen, bewirkt die Anwendung eben desselben Mittels in der anderen das Gegentheil. Hier entwickelt sich aus der rechtlichen Freiheit und Gleichheit wirthschaftliche Unfreiheit und Ungleichheit. Dieselben Personen, welche immer mehr Freiheit und Gleichheit erlangen, werden zugleich immer unfreier und einander mehr ungleich; oder bleiben ungleich und unfrei.

Und somit — dieser Schluß ist unvermeidlich — birgt also die moderne Gesellschaft einen Widerspruch in sich, welcher gerade ihr eigenthümlich ist. Denn wir haben gesehen, daß sich in früheren Culturperioden die Gesellschaft keineswegs ein so allgemeines Culturziel steckt, wie die gegenwärtige; daß damals, das wirthschaftliche Leben mit dem politischen eng verwoben und von ihm beherrscht sich in keinen Widerspruch zu diesem setzen konnte; und daß bei der geringen

Ausbildung der Volkswirthschaft an sich diese ihre eigen=
thümlichen Entwicklungsbedingungen denen der politi=
schen Gesellschaft nicht so schroff gegenüber zu stellen
vermochte. Während in den früheren Perioden die
Gliederung der Gesellschaft den Eigenthümlichkeiten der
Verfassung des Gemeinwesens durchaus entsprach und
conform war, bildet sich heut der allgemeinen Tendenz
der Gesellschaft entgegen, die wir im politischen Leben
sich verwirklichen sehen, durch die selbständige Volks=
wirthschaft eine Organisation der Ungleichheit und Un=
freiheit in der Gesellschaft aus.

Und somit dürfen wir denn den Widerspruch der
wirthschaftlichen Entwicklung mit dem allgemeinen Ent=
wicklungsprinzip der Freiheit und Gleichheit als den
der Neuzeit eigenthümlichen gesellschaftlichen, sozialen
Widerspruch bezeichnen. Und jeder Widerspruch, sobald
er zum Bewußtsein kommt, wird ein Problem für das
Denken: eine Frage. Und somit ergiebt sich uns ganz
einfach und bestimmt die Formulirung der sozialen Frage
der Gegenwart: sie ist der zum Bewußtsein gekommene
Widerspruch der volkswirthschaftlichen Entwicklung mit
dem als Ideal vorschwebenden und im politischen Leben
sich verwirklichenden gesellschaftlichen Entwicklungsprinzip
der Freiheit und Gleichheit. Die Untersuchung und
Lösung dieses Widerspruchs ist die Untersuchung und
Lösung der sozialen Frage der Gegenwart.

Daß dieser Widerspruch zwar die ganze Gesellschaft
durchzieht, aber weder auf Allen gleichmäßig lastet, noch

Allen zum Bewußtsein kommt, und so für sie zur sozia=
len Frage wird, ist einleuchtend. Da er gerade in der
Ausbildung von Herrschafts= und Abhängigkeitsver=
hältnissen, im Schaffen günstigerer und ungünstigerer
Chancen und Stellungen, in der Entwickelung von
Klassenunterschieden besteht, so sind die Wirkungen
desselben für die verschiedenen Theile der Gesellschaft
verschieden, begünstigen die einen, benachtheiligen die
andern. Und daraus ergiebt sich das praktische In=
teresse des einen Theils für, des anderen gegen ihn;
einerseits der Wunsch nach Beibehaltung, andererseits
der nach Beseitigung desselben. Dadurch wird die soziale
Frage zu einer Klassenfrage, und, sofern es sich um die
Behauptung der Herrschaft auf der einen Seite handelt,
zu einer Machtfrage; sie artet, sofern keine höhere
Macht vermittelnd dazwischen tritt, in der Praxis zu
einem Klassenkampfe aus.

Diese Umstände sind es, welche eine unbefangene
Untersuchung der sozialen Frage begreiflicher Weise ganz
außerordentlich erschweren und den ganzen Ernst der
Wissenschaft für die Erforschung derselben herausfordern.
— Die Wissenschaft, so oft eine Dienerin der Parteien,
gerade auf diesem Gebiete so oft der Gefahr ausgesetzt
und unterlegen, Parteitendenzen zu dienen, muß hier
ängstlich vermeiden, vom Wege des philosophischen Den=
kens abzuweichen, der ihr eigen ist.

Und wenn wir auf diesem Wege nunmehr die
Formulirung unserer Frage gefunden und festgestellt

2

haben, so können wir im Folgenden, ohne Furcht vor Verwickelung in den Kampf der Parteien, welcher die Gesellschaft durchzittert, dazu übergehen, von dem gegebenen Standpunkte aus zu prüfen, wie jenes Bewußtsein im Denken und jener Kampf im Leben sich gestaltet hat und auf welche Stellung ihm gegenüber die Gesellschaft hingewiesen ist.

———

2.

Die sozialen Theorieen und die soziale Frage.

Wir haben im Vorhergehenden die soziale Frage
der Gegenwart formulirt als das Bewußtsein des Wi=
derspruchs der volkswirthschaftlichen Entwickelung mit
dem modernen Entwickelungsprincip der Freiheit und
Gleichheit; ein Princip, das sich weder hinwegleugnen
noch zurückdrängen läßt, das, einmal zum Bewußtsein
gekommen, seine Erfüllung heischt. Es wird uns nun
darauf ankommen müssen, zu untersuchen, wie sich dieses
Bewußtsein bereits in der Gesellschaft geäußert hat, und
welche Versuche gemacht worden sind, das Prinzip
allgemein zur Geltung zu bringen, den erkannten Wi=
derspruch zu lösen.

Es ist unzweifelhaft, daß die Verfassung des Volks=
lebens, die Organisation der Gesellschaft bisher noch
überall eine solche war, daß ein mehr oder weniger
großer Theil der Bevölkerung in Abhängigkeit und
Unterdrückung von Seiten bevorzugterer Klassen lebte,
wodurch berechtigte Unzufriedenheit und Anlaß zu Re=
formbestrebungen von Seiten der Benachtheiligten oder
ihrer Freunde gegeben war. Es fällt damit keine An=
klage auf die Bevorzugten, welche von ihrer Macht den

2 *

Gebrauch machten, welcher dem geschichtlich entwickelten
Kulturbewußtsein entsprach, noch auch auf die Benach=
theiligten, welche sich dem Drucke ohne Rechtsverletzung
zu entziehen suchen. Daß aber ein solches Verhältniß
noch zu allen Zeiten bestand, hat schon Viele zu dem
voreiligen Schlusse geführt, dasselbe sei ein nothwendiges
und unvermeidliches; und speciell für die Gegenwart
hat man hervorgehoben, daß, wenn Freiheit und Gleich=
heit für Alle principiell anerkannt sei, nun gewiß kein
Grund zu Reformbestrebungen gefunden werden könne,
welche das Eingreifen einer höheren Macht in die so
sich aufbauende soziale Ordnung voraussetzen. Es hat
stets Leute gegeben, welche bereit sind, das Interesse
der Herrschenden und Besitzenden philosophisch zu um=
kleiden, sei es absichtlich, sei es, weil sie mit der großen
Masse auch auf dem Gebiete des Denkens dem Gesetz
der Trägheit huldigen; es giebt immer Leute, welche
sich durch Schlagwörter wie Freiheit und Gleichheit
blenden lassen, ohne zu erwägen, daß es nicht nur auf
das richtige Prinzip, sondern auch auf die richtige An=
wendung desselben ankommt. Wir unsererseits wollen
uns nicht zu dem Glauben verleiten lassen, daß, weil
etwas bisher immer gewesen ist, es auch künftig sein
müsse; und wenn wir das gegenwärtige Entwickelungs=
prinzip der Gesellschaft als berechtigt anerkennen, so
fühlen wir uns dadurch noch nicht der Untersuchung
enthoben, ob dessen jetzige Anwendung auch zu dem
Ziele allgemeinen Glückes und Wohlstandes hinführe,

in welchem man die Bestimmung des Menschengeschlechts
suchen muß. Die soziale Vervollkommnungsfähigkeit
desselben ergiebt sich uns deutlich genug aus der an-
gestellten Betrachtung der geschichtlichen Entwickelung.
Wir haben die gesellschaftliche Sanctionirung der Ge-
waltherrschaft der bevorzugten Klassen, wie sie sich in
den Institutionen der Sklaverei und Leibeigenschaft, in
der gesetzmäßigen Abwälzung der Lasten von den Höheren auf die Niederen, den Stärkeren auf die Schwächeren ausspricht, bereits dem Prinzip der Freiheit und
Gleichheit weichen sehen; aber wir dürfen nicht vergessen, daß auch Freiheit und Gleichheit nur Mittel
sind, welche zur Erreichung des Endzwecks: des höchsten
allgemeinen Glückes und Wohlstandes angewendet und
auch falsch angewendet werden können. Wir haben
gezeigt, wie die gegenwärtige Anwendung dieses Prinzips gesellschaftliche Mißverhältnisse keineswegs ausschließt, sondern gerade ein neues, der Gegenwart eigenthümliches Problem geschaffen hat. Mithin können wir
uns von vornherein keineswegs der Meinung derer
anschließen, welche von einer einfachen Weiterentwickelung des Prinzips in der eingeschlagenen Richtung die
Erreichung des höchsten Maaßes von Glück und Wohlstand für Alle erwarten. Deshalb haben wir alle
Veranlassung, unsere Aufmerksamkeit denen zu widmen,
welche die gesellschaftliche Organisation zu erforschen,
den sozialen Widerspruch zu erkennen und zu lösen be-
strebt sind.

Man pflegt bekanntlich Alle, welche die Gesellschaft als in ihren Grundlagen reformbedürftig hinstellen und darauf bezügliche Vorschläge machen, mit dem Namen der Sozialisten und Communisten zu belegen und schon durch diese Zusammenstellung der ganzen Richtung den Stempel der Ordnungsfeindlichkeit und Staatsgefährlichkeit aufzudrücken, oder, soweit dieses Merkmal nicht zutrifft, sie als unausführbare, sinnlose Schwärmereien: Utopieen zu bezeichnen. Allerdings ist es gewiß, daß jedes Lehren und Streben, welches soziale Reformen außerhalb des gesetzlichen und friedlichen Weges will, keinen Anspruch auf Duldung von Seiten der bestehenden Gesellschaft hat, aber andererseits ist es auch Thatsache, daß nicht nur die meisten und bedeutendsten Vertreter des „Sozialismus und Communismus" edle und reine Naturen, kenntnißreiche Denker und weit entfernt von habsüchtigen Umsturzplänen waren, sondern daß auch die Sozialwissenschaft ihnen viel Förderung der Erkenntniß und insbesondere den von ihnen aufgestellten kritischen Gesichtspunkten die fruchtbarsten Gedanken schuldet. Deshalb ist es auch nur denen, welche die Wissenschaft zu einer Parteisache machen, gelungen, sich der sozialistischen Anschauungsweise ganz zu entziehen und nichts aus ihr zu lernen. Wenn wir aber vom rein wissenschaftlichen Standpunkte aus an die Untersuchung der sozialen Frage gehen, so müssen wir die sozialen Theorieen und Bestrebungen im Hinblick darauf einer Beurtheilung unterwerfen, wiefern sie

uns Aufschluß über die soziale Frage der Gegenwart
geben oder nicht.

Wenn wir uns nun die Summe dessen vergegen=
wärtigen, was man Sozialismus und Communismus
im weitesten Sinne nennt, so finden wir theils mehr
oder weniger durchdachte Systeme, theils vereinzelte
Bestrebungen; beiden und allen gemeinsam als Ziel die
Erhöhung des allgemeinen gesellschaftlichen Glücks und
Wohlstandes. Davon können dauernd fruchtbar und
beachtenswerth selbstverständlich nur diejenigen sein,
welche auf einer tieferen wissenschaftlichen Ergründung
und Erkenntniß des sozialen Lebens beruhen. Eine
solche werden wir zunächst vermuthen dürfen und zu
suchen haben bei den sozialistischen Denkprodukten, welche
sich als mehr oder weniger ausgebildete Systeme dar=
stellen.

Durchmustern wir die bedeutenderen Theorieen des
sogenannten Sozialismus und Communismus, so wer=
den wir nach unseren im ersten Abschnitt gepflogenen
Erörterungen unter ihnen sofort eine Scheidung vor=
zunehmen haben, die man bisher meist unterlassen hat.
Nicht alle Theorieen nämlich, ganz abgesehen von ihrer
inneren Güte, können für uns gleichen Werth haben,
sondern es wird darauf ankommen, wiefern sie wurzeln
in den eigenthümlichen Zuständen und Bedürfnissen der
Gegenwart; denn nur ein Sozialismus, welcher sich
auf die gegenwärtige soziale Frage bezieht, verdient
Beachtung bei Erforschung dieser. Die sozialen Reform=

ideen also eines Plato, welcher die altgriechischen Anschauungen vom Berufe des Menschen in Staat und Wirthschaft zu einem idealen Staatsgemälde verwendete; eines Thomas Morus, der aus den Zuständen und Ansichten des Mittelalters heraus seinen 1515 erschienenen Staatsroman Utopia schrieb; eines Campanella, der mit dem beschränkten Gesichtskreise eines Mönchs und der Befangenheit eines politisch Verfolgten im Anfang des 17. Jahrhunderts sein Gemälde vom Sonnenstaat verfaßte, haben für uns schon deshalb nur geschichtliches Interesse, weil sie nicht auf der Höhe der geistigen und materiellen Entwickelung der Jetzzeit stehen können. Aber auch alle neueren und neusten Theorieen, welche nicht an die eigenthümlichen Gesellschaftszustände der Gegenwart anknüpfen und auf jenen von uns darin erkannten Widerspruch hinweisen, müssen uns als bedeutungslos für die soziale Frage erscheinen. Nicht nur der umsturzbegierige, alle Culturerrungenschaften vernichtende Communismus, welcher durch den Namen eines Helden und Opfers der großen französischen Revolution: Baboeuf repräsentirt wird, ebenso wie die freundliche Idee einer friedlich zu erringenden Gütergemeinschaft, welche Etienne Cabet in den dreißiger Jahren unseres Jahrhunderts den Menschenfreunden als verlockendes Ideal vorstellte, sind gänzlich unfruchtbar, weil sie die Gesellschaft nicht auf ihren jetzigen Grundlagen fortzuentwickeln, vielmehr in ein willkürlich gedachtes Ideal umzustalten streben, sondern auch Sy-

steme, die der Wirklichkeit viel näher stehen, denen wir
in der That wichtige Anregungen verdanken, und denen
hervorragende Bedeutung in der gesellschaftlichen Re=
formbewegung angewiesen zu werden pflegt, werden
von unserem Standpunkte aus als mit der sozialen
Frage in keiner direkten Beziehung stehend angenommen
werden müssen. Es sind als solche hier namentlich zu
nennen die von Robert Owen und Charles Fourier.
Der erste, der durch die meisterhaften und erfolgreichen
Einrichtungen seiner Fabrik zu New Lanark schon 1789
ein leider noch wenig nachgeahmtes Beispiel für die
Hebung der Arbeiter abgegeben hat, und der zweite,
dem wir für die früheste systematische und großartige
theoretische Begründung des jetzt so mächtigen Assozia=
tionsprinzips verpflichtet sind, beide haben es unter=
lassen, mit ihren Reformbestrebungen in dem Punkte
einzusetzen, von wo der Ausgang für die Reform der
Gesellschaft, dem Wesen der sozialen Frage nach, einzig
genommen werden kann. Beide haben sie nicht den
Zwiespalt zwischen rechtlicher und faktischer Entwickelung
beachtet, sondern bauen auf die Entwickelungsfähigkeit
der guten Anlagen des einzelnen Menschen Pläne all=
gemeiner Volksbeglückung, um den Mangel an Glück
und Wohlstand, welcher troß der großartigsten Cultur=
mittel auch der heutigen Menschheit noch anhaftet, zu
beseitigen. Dergleichen nicht auf bestimmte gesellschaft=
liche Zustände, sondern auf die Entwickelungsfähigkeit
der Individuen gebaute universelle Glücksträume, welche

mit zeitgemäßen Modifikationen in allen Perioden der Gesellschaft gemacht werden können und gemacht werden, tragen zur tieferen Erkenntniß der Gesellschaft und der Lösung der sozialen Frage nichts bei. Sie sind als eigentlich soziale Theorieen nicht anzuerkennen.

Soziale Theorieen müssen stets ausgehen von der Untersuchung der gegebenen Gesellschaft und können erst von da aus zu ersprießlichen Ergebnissen für die Weiterentwickelung derselben kommen. Es fragt sich nun, nachdem wir die oben genannten bei Seite schieben mußten, wo und wie sind für unsere moderne Gesellschaft dergleichen Untersuchungen schon angestellt.

Als seit der Mitte des vorigen Jahrhunderts die mächtige Entfaltung des Gewerbfleißes und die Verbreitung der Maschinenanwendung Hand in Hand mit den neuen Anschauungen von Staat und Wirthschaft, welche in Form der Rousseau'schen Politik, der Holbach'schen Philosophie und der physiokratischen Wirthschaftslehre die Welt eroberten, der Gesellschaft ihre neue Gestalt gaben, da geschah in der politischen Wissenschaft, was meistens in der Wissenschaft zu geschehen pflegt, wenn eine weittragende kritische Wendung in derselben eintritt: ein Theil der Politiker blieb am alten Leben hängen, weil er die neuen Lehren nicht verstehen konnte; ein anderer hängte sich an die neuen Ideen, ohne sich deren Verhältniß zur bisherigen Entwickelungsgeschichte klar zu machen. Die neuen Ideen siegten und lösten in Wissenschaft und Leben die alten Formen.

Eine Umwälzung und neue Theilung vollzog sich auf dem Gebiete der materiellen und geistigen Arbeit. Die Volkswirthschaft emancipirte sich vom Staat und die Volkswirthschaftslehre von der Politik, während früher, wie wir gesehen, die ersteren den letzteren untergeordnet gewesen waren. Eine eigenthümliche Wirthschaftslehre begann sich zu entwickeln: ihre Politik bestand darin, daß sie im Andenken an kaum überwundene Uebelstände den Staat als Feind der Volkswirthschaft ansah, ihm nicht die gebührende Rolle des mächtigsten Culturmittels, sondern nur die einer Anstalt zum Rechtsschutz zuwies; und ihre sonstige systematische Weisheit erschöpfte sich in dem Satze, daß die Concurrenz und das sogenannte Selbstinteresse nicht nur die höchste Produktion, sondern auch die harmonische Vertheilung der Güter bewirke. Unterdeß überließ sich die Politik, unbekümmert um die Volkswirthschaft, dem Nachdenken über Staatsformen, Staatsverwaltung, Vertheilung und Sicherung der politischen Rechte. Wenn so die beiden Wissenschaften eine Zeit lang unvermittelt neben einander her gingen, so mußte doch allmälig, dem drängenden Bedürfniß nachgebend, sich eine vermittelnde Wissenschaft bilden, welche den Menschen als Glied zugleich der politischen und der wirthschaftlichen Gesellschaft und das Verhältniß beider zu einander auffaßte. Diese Wissenschaft trat auf in der Form des sogenannten Sozialismus, lange genug unbeachtet und unbenutzt von den einseitigen Politikern und Nationalökonomen bei Seite geschoben.

Es wäre zwecklos, hier Alle aufzuzählen, welche die
Entwickelung der Volkswirthschaft aus ihrer Einseitig=
keit wieder auf den Zusammenhang mit dem Ganzen
der Gesellschaft hinzuweisen suchten. Von den Denkern,
welche bahnbrechend in dieser Richtung auftraten, sei
hier nur erwähnt der Geschichtschreiber Simonde de Sis=
mondi, der schon 1819 in seinen Nouveaux Principes
d'Economie politique die gegenwärtige Richtung der
Volkswirthschaft einer Kritik unterzog, welche ihm durch
die Empfindung jenes Mangels an harmonischer Ent=
wickelung eingegeben wurde. Der eigentliche Schöpfer
aber jener vermittelnden Wissenschaft, der Sozialwissen=
schaft, der erste, dem wir eine wirkliche soziale Kritik
und Theorie verdanken, ist Graf Henri de Saint Si=
mon, geboren 1760, gestorben 1825 zu Paris.

S. Simon hat allerdings kein soziales System,
keine Formel hinterlassen, mit der man die soziale Frage
lösen könnte. Das hat man ihm oft als Mangel an=
gerechnet, denn man hatte nichts bequem Greifbares in
seinen Gedanken; ja man hat wohl Fourier, dessen
phantastische Pläne die Erde mit genossenschaftlichen
Ackerbaukolonieen und die Meeresbecken mit Limonade
füllten, für bedeutender und wichtiger erklärt als Saint
Simon; man hat beide neben einander gestellt, ohne
zu beachten, daß der eine ohne Verständniß unserer
Gesellschaft eine allgemeine Beglückungsschablone ge=
schaffen hat, welcher der Vorzug anhaftet, bei Negern
und Eskimos leichter durchführbar zu sein wie bei uns,

während der Andere das Verdienst hat, uns zuerst den Begriff der modernen Gesellschaft und der sozialen Widersprüche zum Bewußtsein gebracht, uns erst die ganze Schwierigkeit der Formulirung und Lösung der sozialen Frage gezeigt zu haben. — Wie können wir nur eine Lösung der sozialen Frage suchen, wo wir kaum das Wesen derselben erkannt haben.

Saint Simon legt die ersten Resultate seiner sozialen Untersuchung — wir sehen hier ab von der Zeitfolge seiner Schriften — in einer originellen, dem flüchtigen Leser fast kindisch scheinenden Weise nieder. In dem Aufsatze der ersten Lieferung seiner 1819 und 1820 erschienenen Zeitschrift: „L'Organisateur," betitelt: Parabole politique, legt er die Frage vor, ob es für Frankreich wohl nachtheiliger sein würde, wenn es seine dreitausend höchsten Würdenträger oder seine dreitausend besten Arbeiter plötzlich verlöre? Mit dieser freilich nicht ganz richtig gestellten Parallele kennzeichnet er einen fundamentalen Widerspruch in der Gesellschaftsverfassung. Warum sind die dreitausend Fähigsten und Fleißigsten nicht auch die Höchsten? Es ist ein Widerspruch der wirthschaftlichen mit der politischen Ordnung. Die geschichtliche Entstehung dieses Widerspruchs sucht Saint Simon zu erklären in seinem Catechisme des Industriels von 1822, wo er darstellt, wie sich im Anschluß an die Verhältnisse von Siegern und Besiegten bei der Besiedelung des Landes und an die mittelalterliche Feudalverfassung die Unterschiede von Besitzenden und Herrschenden einerseits, Arbeitenden und Dienenden anderseits herausgebildet haben. Diese geschichtliche Entwickelung aber begründe kein Rechtsverhältniß, sondern sie sei nur eine Umkehrung des natürlichen und vernünftigen Rechts. Dieses verlange, daß die Nützlichsten und Besten auch die Besitzenden und Herrschenden seien; die Nützlichsten und Besten seien aber offenbar die Industriellen, d. h. die Vertreter der geistigen und körperlichen Arbeit. Darum verlange die höhere Entwickelung der Menschheit eine harmonische Organisation der wirthschaftlichen und politischen Gesellschaft, welche diesem natürlichen Rechte entspreche. Dies könne nur geschehen dadurch, daß sich die wirthschaftliche Gesellschaft, die Klasse der Industriellen der Staatsgewalt bemächtige. Er bahnt also den richtigen Weg zur Erkenntniß der sozialen Frage dadurch, daß er die geschichtliche Entwickelung einerseits, das Entwickelungsprinzip andererseits zu ergründen und deren Uebereinstimmung zu prüfen beginnt.

Saint Simon's Schüler, Bazard, jenem reinen und opferfreudigen Märtyrer seiner Wissenschaft an Adel der Gesinnung gleichend, glaubte die praktische Ausführung der Gedanken des Meisters gefunden zu haben in einer Beschränkung des Erbrechts und der Vertheilung der vom Staate als Repräsentanten der industriellen Gesellschaft ererbten Güter durch denselben an seine Mitglieder nach wirthschaftlicher Fähigkeit und Würdigkeit. Hierin liegt die Idee vom Staate als einer universellen

Kulturmacht, welche seitdem eine Errungenschaft der Sozialwissenschaft bildet.

Daß die Saint Simonistischen Ideen später von einer Sekte verrückter Schwärmer verunstaltet und gemißbraucht worden sind, können wir hier unbeachtet lassen. Untergehen und unfruchtbar bleiben konnten sie trotz dessen nicht. Denn in der That, seitdem Saint Simon darauf aufmerksam gemacht hatte, mußte es dem Denkenden immer wieder auffallen, wie die soziale Stellung der Arbeit nicht der Bedeutung entsprach, die man ihr wirthschaftlich beilegte. Im Alterthum zwar geziemte es dem freien Manne, sich durch die verachtete Arbeit der Sklaven Muße schaffen zu lassen für die einzig würdige Beschäftigung mit Politik und Krieg; im Mittelalter waren wohl Arbeit und Dienstbarkeit, Herrschaft und Besitz durch Geburt und Rechtsformen für die verschiedenen Gesellschaftsklassen vorher bestimmt, aber in der Neuzeit, wo die junge Wissenschaft der Nationalökonomie mit Emphase verkündete, daß die Arbeit die einzige Schöpferin des Werths, die Trägerin des Nationalreichthums, die höchste Aufgabe des Menschen sei, da mußte man sich fragen: wie kommt es, daß die Tiefe der Stellung des Arbeitenden auf der gesellschaftlichen Stufenleiter fast proportional wächst mit der Größe der Arbeitsbeschwerde? die Last und Unannehmlichkeit der Arbeit mit der Geringfügigkeit des Erwerbes? Was ist der Sinn jener nationalökonomischen Deduktionen, denen die Verhältnisse der Wirklichkeit

nicht entsprechen? Hat die Arbeit Anspruch auf eine
entsprechende soziale Stellung? Saint Simon hatte
dies bejaht, aber kein Mittel angegeben, wie das Recht
der Arbeit durchzuführen sei; er hatte nur im Allge=
meinen auf den Staat hingewiesen. Und auch Bazard's
Vorschläge boten keine ausreichende Handhabe zur Her=
stellung des behaupteten Rechtsverhältnisses. Es galt,
ein Mittel dafür aufzufinden.

Louis Blanc unternahm es in seiner 1841 erschie=
nenen Organisation du Travail, gerade diejenige wirth=
schaftliche Kraft, welche in der liberalen Volkswirthschaft
das Recht der Arbeit nicht zur Geltung kommen läßt,
zur Sicherung derselben zu benutzen, nämlich die Con=
currenz. Seine Idee ist die: Da der Besitz dem Besitz=
losen, der größere Besitz dem kleineren überlegen ist, so soll
der Staat als der größte Besitzer vermittelst des Prinzips
der Concurrenz sich die völlige Herrschaft über Pro=
duktion und Vertheilung der Güter in der Volkswirth=
schaft aneignen und diese Herrschaft zu Gunsten der
Arbeit anwenden. Damit aber diese, vom despotischen
Sporn der Concurrenz befreit, nicht in ihrer Produk=
tionskraft nachlasse, muß das Volk durch die Erziehung
— ein Moment, auf das alle Sozialisten, in Deutsch=
land unser edler J. G. Fichte an der Spitze, so großes
Gewicht legen — gelehrt werden, nicht mehr im Eigen=
nutz, sondern im Gemeinwohl den Sporn für das
Schaffen zu suchen. Dies Alles setzt freilich voraus,
daß die Regierenden im Staat ein Interesse nehmen an

der Ausführung dieser Ideen, und darum müssen diejenigen regieren, welche es nehmen würden. Das aber
sind keine anderen als die Arbeitenden selbst; denn die
Besitzenden als herrschende Klasse werden ebenso wenig
freiwillig auf die Herrschaft verzichten wie je eine herrschende Klasse irgend welcher Art gethan hat. Die
Herrschaft der Arbeiter ist also zu erstreben. Und so
entsteht die Idee der Sozialdemokratie, deren Endziel
sein muß ein starker zentralisirter Staat, der das Recht
der Arbeit verwirklichen kann und will.

Als Weg zur Herrschaft der arbeitenden Klassen
gab Ferdinand Lassalle das allgemeine Stimmrecht an
und übertrug mit seinen Produktivassoziationen auf
Staatshilfe ein abgeblaßtes Schattenbild Louis Blanc'-
scher Ideen, zusammengekuetet mit dem Universalheil-
mittel sozialistischer Wunderdoctoren, der sogenannten
Selbsthilfe, nach Deutschland.

So weit, wie wir hiermit gekennzeichnet haben,
und nicht weiter ist die Erkenntniß der sozialen Frage
in den gesellschaftlichen Theorieen entwickelt. Blicken
wir zurück auf das soeben Dargestellte, so finden wir:
Seitdem durch die Entwickelung der materiellen und
geistigen Kultur die politischen Rechtsverhältnisse nicht
mehr ausreichten, die gesellschaftliche Ordnung allein
zu beherrschen, und die Volkswirthschaft selbständig auf
die Gestaltung der Gesellschaft zu wirken begann, da entstanden eigenthümliche soziale Probleme, welche eine
besondere wissenschaftliche Betrachtung, eine neue Wissen-

3

schaft: die Sozialwissenschaft, herausforderten, Auf
Grundlage der Idee der Freiheit und Gleichheit unter=
nahmen die sozialen Theorieen eine Kritik der gegenwär=
tigen Gesellschaft. Sie finden in derselben den Wider=
spruch, daß die Arbeit im Gegensatz zu ihrem anerkannten
Recht auf Freiheit und Gleichheit und ihrer von der
Nationalökonomie für sie geforderten Stellung als Schö=
pferin der Werthe unterdrückt sei von den durch Besitz
Herrschenden. Die rein wirthschaftliche Seite dieses Ver=
hältnisses drückt Karl Marx in seinem 1867 erschienenen
Buche „Das Kapital" aus, wenn er die Formel auf=
stellt: das Kapital wachse auf Kosten der Arbeit durch
den Mehrwerth, welchen es sich aus dem Ueberschusse
des Produkts des von ihm beschäftigten Arbeiters über
dessen Unterhaltskosten aneigne. Saint Simon aber
hatte schon zu beweisen gesucht, daß dies einen Miß=
stand nicht nur in der wirthschaftlichen, sondern auch
in der politischen Gesellschaft bedinge. Wie aber die
Gesellschaft überhaupt, so kann auch der gesellschaftliche
Widerspruch nur bestehen innerhalb des Staates und
durch ihn. Will der Staat seine Culturmission erfüllen,
so darf er einen solchen Widerspruch nicht dulden; er
muß ihn lösen und ist zugleich die einzige höhere Macht,
die ihn lösen kann. Damit ist also die Lösung der
sozialen Frage dem Staate zugewiesen. Wie aber kann
er sie bewerkstelligen? Jetzt sind die Besitzenden die
Regierenden und bilden eine Partei, welche das Interesse
hat, den jetzigen Zustand aufrecht zu erhalten, d. h.

festzuhalten einerseits an den thatsächlichen und rechtlichen Verhältnissen, wie sie sich an Besitz und Eigenthum gebildet haben, und andererseits an der Freiheit
der Concurrenz und der Arbeit, weil gerade zu ihren
Gunsten „das freie Walten der wirthschaftlichen Naturgesetze", wie die liberale Nationalökonomie dies Verhältniß bezeichnet, ausschlägt; während die Partei der
Arbeit ihre Freiheit nicht in jener Freiheit, die sich an
der künstlichen Eigenthumsorganisation bricht, sondern
in der Organisation der Arbeit sucht. Ihr schwebt der
Gedanke vor: dem Besitze, welcher geschichtlich schon
seine Organisation besitzt, muß gegenübertreten eine
Organisation der Arbeit, weil diese durch das moderne
Gesellschaftsprinzip jetzt zwar frei, aber auch desorgani-
sirt ist. Da nun, so folgert man weiter, die Partei
des Besitzes diesen Gedanken nicht durchführen wird, so
muß die Partei der Arbeit zur Herrschaft gelangen, um
ihn durchzuführen. Es muß also die Sozialdemokratie
verwirklicht werden.

Legen wir zur Kritik des Vorgetragenen die Er-
gebnisse unseres ersten Abschnitts daran, so werden wir
zwar eine theilweise Uebereinstimmung beider, sogar eine
Vervollständigung der Letzteren durch das Erstere finden,
einen Theil jener Gedanken aber zurückweisen müssen.
Zurückweisen müssen wir ganz entschieden die Consequenz
der Sozialdemokratie, welche zur Herrschaft der arbeitenden Klassen führen soll; denn wir hatten erstens die
soziale Frage nicht nur formulirt als einen Gegensatz

3 *

zwischen Kapital und Arbeit, sondern als Widerspruch
der volkswirthschaftlichen Entwickelung mit dem allge=
meinen Entwickelungsprinzip, wobei jener Gegensatz
allerdings als ein besonders wichtiger erscheint; und
wir können zweitens aus unserer Formulirung keinen
Grund zu einer vorwiegenden Berechtigung der arbei=
tenden Klassen finden. Uebereinstimmen müssen wir mit
dem Gedankengange der sozialen Theoretiker insofern,
als auch wir die thatsächliche Entwickelung der Gesell=
schaft nicht im Einklang fanden mit der ideellen, und
die Wirkung der Mittel, welche man zur Durchführung
der letzteren anwendet, durch den Einfluß der geschicht=
lich überkommenen Verhältnisse gestört sahen. Vervoll=
ständigen können wir unsere Anschauungen aus den
soeben geprüften insofern, als wir darauf hingewiesen
werden, durch wen der gefundene Widerspruch zu lösen
sei. Die Gesellschaft, sahen wir, hat geschichtlich aus
sich heraus das Prinzip der Gleichheit und Freiheit
entwickelt; sie hat die Idee des allgemeinen Staatsbür=
gerthums in sich aufgenommen und dadurch den Staat
als Verkörperung der ganzen Volksgesellschaft hingestellt.
Der Staat bildet nun die Organisation der wirthschaft=
lichen und politischen Gesellschaft gleichberechtigter Mit=
glieder; die Staatsgewalt ist nicht mehr ein Macht=
mittel bevorrechteter Klassen, sondern ein universelles
Kulturmittel. Wenn nun aber der Staat die politische
und wirthschaftliche Gesellschaft zu Kulturzwecken zusam=
menfaßt, so kann es auch nicht mehr zweifelhaft sein,

daß ihm die Aufgabe zufällt, Widersprüche zu lösen, in welche die gesellschaftliche Entwickelung mit ihren Zielen verfällt. Wir werden also den Hinweis auf den Staat als Vermittler des sozialen Widerspruchs zur Vervollständigung unserer Deduktionen über die soziale Frage von jenen Theoretikern aufnehmen und daraus folgern müssen, daß er als Träger der Rechtsformen, in denen sich die Kultur bewegt, auch nach Rechtsformen zu suchen habe, welche die Volkswirthschaft in der Ent= wickelung jener Ungleichheit und Unfreiheit hemmen. Berechtigung und Fähigkeit des Staates hierzu erschei= nen außer Zweifel; fraglich bleibt es nur, ob noch andere Kulturmächte auf dasselbe Ziel hinzuwirken vor= handen und geeignet sind.

Sehen wir zunächst, ob uns die Reformbestrebun= gen auf sozialem Gebiet, welche sich außerhalb der dar= gestellten Theorieen bewegen, Fingerzeige für die Er= kenntniß der sozialen Frage geben können.

3.

Die praktischen Reformbestrebungen und die soziale Frage.

Wir haben im Vorigen gesehen, wie weit die so=
zialen Theorieen eine wirklich wissenschaftliche Grundlage
haben und was wir aus ihnen zur Erkenntniß der
sozialen Frage entnehmen können. Es war uns dabei
nicht darum zu thun, alle jene mehr oder weniger um=
fassenden Volksbeglückungspläne aufzuzählen und auf
ihre Brauchbarkeit hin zu untersuchen, alle Formulirun=
gen und Lösungsversuche der gesellschaftlichen Mißstände
Musterung passiren zu lassen, welche in älterer und
neuster Zeit unter allerlei Namen erdacht wurden; wir
hätten Zeit verloren und nichts an Erkenntniß gewon=
nen, wenn wir anders als in großen Grundzügen die
Richtung hätten untersuchen wollen, welche soziale
Theorieen genommen haben und nehmen müssen, um
wirklich auf die soziale Frage und deren Lösung zu
treffen.

In den sozialen Theorieen, die sich an der Hand
der Wissenschaft entwickeln, erschöpfen sich aber die so=
zialen Reformbestrebungen nicht, vielmehr haben gerade
diejenigen praktischen Versuche, welche unmittelbar auf
ihnen aufgebaut wurden, zu einem greifbaren Ergebniß

nicht geführt, während Bestrebungen, die dem zufälli= gen praktischen Bedürfniß entsprangen, eine wenigstens scheinbar bedeutendere Tragweite erlangt haben. Ja sogar geradezu gegen die Richtigkeit jener theoretischen Schlußfolgerungen würden die aus ihnen entsprungenen praktischen Experimente sprechen, wenn man die berühm= ten·Pariser Nationalwerkstätten von 1848 als Verwirk= lichung Louis Blanc'scher Ideen ansehen wollte und wenn man zugeben wollte, daß die unklaren Vorschläge Lassalle's zu Produktivassociationen wirklich in der prak= tischen Consequenz jener sozialen Theorieen lägen.

Sehen wir uns indessen auf dem Gebiete der so= zialen Reformthätigkeit weiter um, so finden wir eine Menge von Bestrebungen, welche sozialreformatorische zu heißen den Anspruch haben oder zu haben vermeinen. Mehr oder weniger vereinzelt, mehr oder weniger or= ganisirt, auf einzelne Ziele hinsteuernd, einzelnen wirth= schaftlichen Mängeln abzuhelfen suchend, sind sie nicht auf Grundlage einer wissenschaftlichen Erkenntniß des Gesellschaftszustandes, sondern aus dem einzelnen prak= tischen Bedürfniß heraus zur Entstehung gekommen. Diese müssen wir jetzt durchmustern, um sie auf ihren Werth und ihr Verhältniß zur sozialen Frage zu prüfen.

Aus der Untersuchung des Wesens der sozialen Frage haben wir gelernt, daß dieselbe erzeugt wird durch die Verschiedenheit der Wirkungen des Prinzips der Freiheit und Gleichheit auf politischem und auf wirth= schaftlichem Gebiete; und aus der Betrachtung der sozialen Theorieen ersehen wir, daß jedenfalls eine höhere Gewalt, die des Staates als universelle Kultur= macht aufgefaßt, die Berechtigung und Fähigkeit hat, den dadurch entstehenden Widerspruch zu beseitigen. Daraus folgt also erstens, daß der Werth der Reform= bestrebungen für die Lösung der sozialen Frage danach zu beurtheilen ist, wie weit sie geeignet sind, jenen Widerspruch beseitigen zu helfen, und zweitens, daß die soziale Frage nicht mehr besteht, soweit der Staat durch die Ausbildung der Rechtsformen zum Schutz der Schwächeren gegen die Stärkeren die Freiheit und Gleichheit schon gesichert hat.

Wie weit der Staat, also die Gesetzgebung der einzelnen Staaten, sich der Lösung der sozialen Frage durch Beibehaltung älterer oder Einführung neuer Maß= regeln in diesem Sinne bereits angenommen hat, das zu untersuchen, gehört nicht in das Gebiet unserer rein principiellen Erörterungen; wir haben es nur mit der allgemeinen Tendenz der modernen Gesellschaft, welche die soziale Frage erzeugt, und den dagegen gerichteten Bestrebungen zu thun.

Welcher Natur aber die praktischen, nicht mehr blos wissenschaftlichen und agitatorischen Bestrebungen dieser Art, soweit sie sich nicht schon der Staatsgewalt bemächtigt haben, sein müssen, ist klar. Da es sich nämlich handelt um einen Widerstand gegen die Wir= kungen der Freiheits= und Gleichheitstendenz, gegen das freie, rücksichtslose Ueberlassen geschichtlich und durch

die Natur der Dinge doch ungleicher Gesellschaftsglieder
an diese Tendenz, so müssen diese praktischen Bestre=
bungen wesentlich organisatorische sein; sie müssen die
des Widerstandes Bedürftigen zum Widerstande zu or=
ganisiren suchen. Was kann aber Organisation, welche
nicht durch eine höhere Gewalt veranlaßt, nicht durch
staatlich anerkannte Rechtsformen geschaffen wird, anders
sein, als Association? Wir können demnach schließen,
daß die praktischen sozialen Reformbestrebungen sich we=
sentlich offenbaren werden in der Form der Association,
des genossenschaftlichen Zusammenschlusses der Wider=
standsbedürftigen. Und so ist es in der That. Wenn
wir alle diese Bestrebungen durchgehen, welche sozialen
Uebelständen abhelfen wollen, so finden wir keine von
Bedeutung, welche nicht das Prinzip der Association
in der einen oder anderen Form zur Grundlage hätte.
Freilich beweist dies durchaus noch nicht, daß auch jede
Associationsbestrebung, oder vielleicht nur irgend eine,
geeignet sei, die soziale Frage zu lösen.

Eine Association kann nur beruhen entweder auf
einer Verbindung gleicher oder einer Vermittelung ent=
gegengesetzter Interessen, und daraus findet sich eine
leichte Eintheilung für die verschiedenen anderen Arten.
Als Verbindungen der ersten Art stellen sich uns dar
die speziell so genannten Genossenschaften und die Ge=
werkvereine, beide in ihrer modernen Form englischen
Ursprungs, von sehr verschiedenem Charakter und Werth;
und zwar die ersteren neuerdings gerade in Deutschland

ganz eigenthümlich und hervorragend entwickelt. Verbindungen der zweiten Art sind diejenigen, durch welche
man die entgegengesetzten Interessen der gesellschaftlich
Schwächeren und Stärkeren, der Besitzenden und Besitzlosen und insbesondere der Arbeitgeber und Arbeitnehmer zu verketten gesucht hat. Es hat sich hierbei bis
jetzt namentlich um eine Vermittelung zwischen den groß-
besitzenden Unternehmern und ihren Arbeitern durch die
Antheilswirthschaft gehandelt, deren besonders hervor-
stechende Form die Industrial Partnership bildet; während andere, gerade auf dieses Verhältniß berechnete
Versuche, wir meinen die Gewerbeschiedsgerichte, sich
von vorn herein als Institute darstellen, welche nicht
auf eine Aenderung des wirthschaftlichen Grundverhält-
nisses, sondern als Nothbehelf gegen einen Klassenkampf
errichtet sind, dessen Ursache zu beseitigen ja eben das
Ziel der sozialen Reformen ist.

Man könnte uns vorwerfen, bei dieser Klassifizi-
rung alle diejenigen Bestrebungen vergessen zu haben,
welche nicht auf Interessenassociation beruhen, aber doch
soziale zu sein scheinen; und zwar alle jene sogenannten
gemeinnützigen Bestrebungen, welche dem Wohlwollen
oder der Eitelkeit von Wohlthätern entspringen, die je
nach Einsicht und Mitteln ihren Theil zur Lösung der
sozialen Frage beitragen möchten. Es wäre hier zu
gedenken einer Anzahl nicht der reinen Armenpflege an-
gehöriger Unternehmungen, welche so gern damit prun-
ken, auch ein Stück sozialer Frage zu lösen, wie: Klein-

kinderbewahranstalten, Volksküchen und ähnlicher. Es
kann aber den vorhergegangenen Erläuterungen nach
wohl kaum fraglich sein, daß wir diesen von vorn
herein den Charakter von sozialen Bestrebungen ab=
sprechen dürfen, denn es handelt sich hier nicht um
eine Aenderung gesellschaftlicher Herrschaftsverhältnisse,
sondern — wie bei jenen Gewerbegerichten — um Hilfe
bei wirthschaftlichen Nothständen, welche Folgen der
allgemeinen sozialen Mißstände sind. Diese letzteren
heben bedeutet die soziale Frage lösen; das geschieht
aber nicht dadurch, daß man sie anerkennt und auf ihre
Folgen ein besonderes System von Hilfeleistungen baut.
Solche Anstalten haben ebenso wenig wie Armenpflege
oder Sittenpolizei eine Richtung auf die vollkommenere
Organisation der Gesellschaft; ja wir dürfen sie zum
Theil — und das gilt gerade von den oben genannten
— geradezu als antisozial bezeichnen, weil sie nicht die
gesellschaftliche Stellung derer verbessern, denen geholfen
werden soll, sondern ihnen vielmehr Mittel in die Hand
geben, tiefer zu sinken; so die Kleinkinderbewahranstal=
ten durch die Erleichterung der Auflösung des Familien=
lebens; ebenso die Volksküchen, welche zudem noch den
Dürftigen ermöglichen, sich immer dürftiger zu behelfen.
Diese Bestrebungen also haben mit der sozialen Reform
nichts zu thun und wir dürfen uns hier einer näheren
Betrachtung derselben überhoben halten. Unsere Prü=
fung der praktischen Reformbestrebungen wird sich mit=
hin auf die drei Formen der Association: die Genossen=

schaften, die Gewerkvereine und die Antheilswirthschaft zu erstrecken haben.

Bekanntlich ist das in der Neuzeit rasch empor=
schießende Associationswesen gerade dasjenige Mittel,
welches Vielen das hoffnungsreichste für die Lösung
der sozialen Frage zu sein scheint, von dem man am
ehesten erwartet, daß es diejenigen stärken werde, welche
man durch die Concurrenz der Mächtigeren im Kampf
um's Dasein gefährdet sieht. Haben wir doch schon
einmal in der Geschichte der Gesellschaft, und zwar im
Mittelalter, gerade das Genossenschaftswesen eine außer=
ordentlich heilsame Macht entfalten sehen. Durch kor=
porativen Zusammenfluß der einzelnen Stände wurde
die Gesellschaft gerade vor den Uebeln bewahrt, welche
die Isolirung, das Aufsichselbstgestelltsein der Individuen
in der Neuzeit zu erzeugen droht. Aber dennoch dür=
fen wir daraus nicht schließen, daß das Associations=
wesen für die Neuzeit dieselben heilsamen Folgen haben
werde; ganz ebenso wenig, wie wir die Entwickelung
des modernen Associationswesens an das mittelalterige
anknüpfen dürfen. Die Associationen des Mittelalters
waren hervorgerufen durch die mangelhaften staatlichen
Einrichtungen; der Staat, ohne geordnetes Steuer=,
Beamten= und Heerwesen, war nicht im Stande, den
Seinigen genügende Garantieen für Schutz und Ord=
nung zu geben, und es mußten darum zweckentsprechende
Organisationen innerhalb des Staates geschaffen wer=
den, welche den Mangel der Staatsthätigkeit ergänzten.

Die Associationen stellten sich deshalb dar als fester Zusammenschluß der von gleichen Interessen getriebenen Standesgenossen; sie hatten weitgreifende politische und wirthschaftliche Befugnisse, und die Mitgliedschaft war eine angeborene oder aufgenöthigte. Solche Mittel der Selbsthilfe, welche durch ihr Bestehen dem Staat seine Schwäche vorwerfen, hat der moderne, mit allen Hilfs= mitteln der Verwaltung und Rechtspflege ausgestattete Staat weder nöthig, noch darf er sie dulden; denn nicht nur sind solche kleinen Kreise innerhalb des mo= dernen Staats, welcher sich, als Träger und mächtigste Stütze der Kulturentwickelung betrachten soll, ihm da= durch gefährlich, daß sie seinen Zwecken eventuell ent= gegen arbeiten können, sondern sie sind auch insofern mit den modernen Begriffen von Gleichheit und Freiheit unvereinbar, als Niemand durch eine andere Macht als die höchste Culturmacht, den Staat selbst, unfreiwillig beschränkt werden soll. Das Associationswesen in jener mittelalterlichen Form ist also für uns unbrauchbar, und die moderne Association beruht darum nicht auf politischer Grundlage, sondern ist vielmehr der rein wirthschaftlichen Berechnung der freiwillig und zufällig Zusammengetretenen entsprungen. Freilich ist auch sie, gleich jener, aus einem Nothstand hervorgegangen, inso= fern sie Abwehr wirthschaftlicher Isolirung und Schwäche ist; dieser Nothstand unterscheidet sich aber von dem früheren nicht nur dadurch, daß er kein politischer ist, sondern auch dadurch, daß dem mittelalterlichen Staat seiner Natur nach überhaupt die Fähigkeit fehlte, zu helfen, dem modernen jedoch diese Fähigkeit sehr wohl inne wohnt, und er nur durch Nichtgebrauch seiner virtuell vorhandenen Mittel dergleichen Nothbehelfe hervorruft.

Das Verdienst, die Association als soziales Organisationsmittel zuerst wenigstens theoretisch entwickelt zu haben, gebührt wohl unstreitig Charles Fourier, dessen Organisationspläne selbst zwar ohne Zusammenhang mit der wirklichen Welt waren, der aber doch den Gedanken rein wirthschaftlicher Genossenschaften zuerst umfangreicher entwickelt hat. Die Association Fourier's beruhte auf zwei Grundgedanken: erstens sollte durch die gemeinsame Wirthschaft eine ökonomischere Ausnutzung aller Dinge und Fähigkeiten erzielt werden, und zweitens sollte dadurch, daß in den zu bildenden Verbänden für eine jede Arbeit sich auch eine Neigung, eine Passion fände, der Arbeit der Charakter einer Last genommen werden; die Arbeit sollte nicht mehr um ihres Lohnes, sondern um ihrer selbst willen gethan werden. Zu diesem letzteren Zweck die Association zu benutzen, hat die Praxis bis jetzt noch nicht unternommen, wohl aber dazu, um durch Verbindung gleicher Interessen ein höheres ökonomisches Resultat für die Interessenten zu erzielen, als jeder für sich in der Einzelwirthschaft erzielen würde; zu diesem Zweck hat die Genossenschaft bekanntlich in der neusten Zeit bereits die mannigfachsten Gestalten angenommen.

Die modernen Genossenschaften haben ihre erste theoretische Ausbildung zwar in Frankreich, ihre erste praktische Einführung in England erfahren, die Stätte ihrer mannigfachsten und eigenthümlichsten Entwickelung ist aber jetzt unstreitig Deutschland, wo der Name Schulze-Delitzsch mit ihrer Geschichte unzertrennlich verbunden ist. Ihrer gegenwärtigen, ziemlich allgemein bekannten Ausbildung nach lassen sich drei Hauptformen der Genossenschaften unterscheiden: erstens solche zur Ersparniß von Wirthschaftskosten, also Bezugsvereine für Lebensmittel, Werkzeuge, Maschinen, Saat, Vieh u. s. w.; zweitens solche zur Sammlung und Beschaffung von Kapital, wie die Credit-, Spar- und Vorschußvereine, welche dem kleinen Besitzer Leichtigkeit des Sparens und größere Creditfähigkeit sichern sollen; und drittens solche zu gemeinsamem Erwerbe, so daß die Interessenten entweder einzelne Zweige der Erwerbsthätigkeit, wie z. B. Verbesserung ihrer Grundstücke durch gemeinsame Entwässerung, Verwerthung der Milch durch gemeinsame Käsefabrikation, genossenschaftlich betreiben, oder eine volle Gemeinschaft in der Fabrikation oder im Absatz ihrer Produkte eingehen, z. B. genossenschaftliche Schuhverfertigung, Pacht und Bewirthschaftung eines Landgutes u. dergl. m. Alle diese Formen sind entstanden aus dem Verlangen, die Ungleichheit der Lage des kleinen Kapitalisten dem größeren gegenüber zu verringern, eine Ungleichheit, welche aus dem Prinzip der Gleichheit und Freiheit entsteht.

Diese Genossenschaftsbewegung steht demnach aller=
dings auf dem Boden, welcher durch das Mißverhältniß
der thatsächlichen wirthschaftlichen Entwickelung zu dem
allgemeinen Entwickelungsprinzip, zu einem Kampfplatz
geworden ist, sagen wir kurz: auf dem Boden der so=
zialen Frage. Aber nicht eine jede Reaction gegen die
Grundmängel der Neuzeit ist geeignet, sie zu beseitigen,
und wir dürfen deßhalb auch das Genossenschaftswesen,
weil es eine solche ist, nicht ohne Weiteres für ein
Mittel zur Lösung der sozialen Frage halten. Gehen
wir die drei Gattungen derselben durch und prüfen sie
auf ihre soziale Leistungsfähigkeit hin.

Die erste Gattung der in Rede stehenden Genossen=
schaften, die Vereine zur Ersparung von Wirthschafts=
kosten, die sogenannten Consum= oder besser Bezugs=
vereine sind zwar geeignet, diejenigen, welche ihre Be=
dürfnisse im Kleinen zu kaufen genöthigt sind, vor den
theuren und schlechten Waaren des Krämers zu schützen,
und werden solchen Leuten, die eine kleine Baarsumme
als Betheiligungskapital aufwenden können und außer=
dem einen stabilen Wohnsitz haben, um die Einrichtung
dauernd zu benutzen, einige Bequemlichkeiten bieten, sie
namentlich auch an wirthschaftliche Ordnung gewöhnen;
im Grunde sind aber doch dergleichen Anstalten nichts
als ein höchst schwerfälliger Ersatz dafür, daß die Frei=
heit des Verkehrs gerade das nicht leistet, was nach
Ansicht der Nationalökonomen ihr Hauptvorzug ist,
nämlich Allen Alles am besten und billigsten zu schaffen,

und dafür, daß der moderne Staat sich bis jetzt nicht fähig gezeigt hat, die kleinen Consumenten gegen Uebervortheilung im Handel und Verkehr zu schützen; sie sind weiter nichts, als ein Symptom eines ungesunden wirthschaftlichen Zustandes. Von der durch sie bewirkten Ersparung einiger Groschen an den Consumtionsausgaben bedeutende Wirkungen auf die gesellschaftliche Organisation zu erwarten, wäre unstreitig Thorheit, zumal wenn man bedenkt, daß sie gar kein spezifisches Mittel zum Behuf der hilfsbedürftigen Klassen bilden, sondern ihre Vortheile ebenso wohl von wirthschaftlich gut situirten Leuten wahrgenommen werden können. Am ehesten werden sie noch über die Stufe eines untergeordneten Nothbehelfs herauskommen, wenn sie — wie wir das an dem berühmten Beispiel der Pioniere von Rochdale sehen — zugleich als Kapitalansammlungsmittel dienen, indem die erzielten Ersparnisse benutzt werden, ein Unternehmungskapital für die Genossen zu bilden. Auf diese Weise nimmt diese erste Gattung von Genossenschaften den Charakter der zweiten an, nämlich der Vereine zur Credit- und Kapitalbeschaffung. Diese wollen durch Ansammlung kleiner Ersparnisse und Credit auf solidarische Bürgschaft kleinen Wirthschaften Produktionsmittel verschaffen, mithin durch kleine Leute für kleine Leute Banken bilden. Diesen fehlt natürlich im Vergleich zu größeren kaufmännisch gebildeten Banken in ihrer Verwaltung die genügende Umsicht und Geschäftsverbindung, ihnen fehlt Kapital und Befähigung

zur Rificoübernahme, so daß sie wiederum nur als
Nothbehelf einer besseren Organisation gegenüber er=
scheinen, welche sich in einem gut verzweigten und zu
Gunsten aller Bevölkerungsschichten arbeitenden Bank=
wesen darstellen würde. Dadurch, daß, dem Zuge des
reinen Selbstinteresses folgend, die großen Kapitalien sich
nur wieder den großen Unternehmungen zuwenden und
auch die kleinen Kapitalien an sich zu ziehen und zu
benutzen suchen, sind die Kleinbesitzenden, welche bei bes=
serer wirthschaftlicher Organisation am Großbesitz eine
Stütze finden sollten, genöthigt, sich auf solchem Wege
zu helfen, auf dem sie der Natur der Sache nach
bedeutende wirthschaftliche Resultate niemals erzielen
können. Zudem ist auch diese Art der Organisation
wiederum kein spezifisches Mittel für die wirthschaftlich
Schwächeren, sondern kann von den Stärkeren mit noch
viel größerem Erfolge benutzt werden. Bei beiden eben
besprochenen Arten aber findet eine wirkliche Association
gleicher gesellschaftlicher Interessen thatsächlich gar nicht
Statt, sondern sie sind willkürliche Vereinigungen ge=
sellschaftlich ganz ungleichartiger Elemente, die darum
auch für soziale Organisationsfragen ganz bedeutungslos
sind. Etwas Bedeutenderes wäre es, wenn diese For=
men benutzt würden, um eine Verbindung bestimmter
gesellschaftlicher Schichten zu erzielen, welche sich da=
durch im Kampf gegen die Wirkungen des Freiheits=
und Gleichheitsprinzips zu stärken suchten. Daß dies
nicht der Fall ist, macht die deutschen Genossenschaften

im Werthe sehr zurückstehen gegen die, wie es scheint allerdings vergleichsweise wenig zahlreichen in England, wo der Arbeiterstand wenigstens die sogenannten Consumvereine als Mittel zur eigenen wirthschaftlichen Disciplinirung und Heranbildung zur Selbständigkeit vermittelst damit verbundener Kapitalsammlungen zu benutzen sucht, so daß der Consumverein, wie es auch der Vorschußverein könnte, in die dritte Form der Genossenschaft, die Erwerbsgenossenschaft, übergeht. Wo sich, wie bei dieser Gattung von Vereinigungen, Mitglieder derselben Lebenslage und desselben Geschäftszweiges zusammenthun, um durch gemeinsame Unternehmung sich der Abhängigkeit vom Großkapital zu entziehen, da macht sich schon ein viel entschiedeneres und mehr versprechendes Widerstreben gegen die gegenwärtige wirthschaftliche Organisation bemerkbar, denn durch das Zusammentreffen wirthschaftlich und gesellschaftlich gleicher Interessen sind die Bedingungen einer wirksamen Organisation gegeben. Indeß stellt sich bei näherer Betrachtung auch diese Form als für die Lösung der sozialen Frage durchaus unzureichend, ja ebenso bedeutungslos wie die beiden anderen heraus. Nicht nur steht auch diese Form ganz ebenso der Großunternehmung zu Gebote, nicht nur ist, wie aus Theorie und Praxis leicht zu beweisen, die Zusammenbringung und Aufrechterhaltung solcher Genossenschaften an sich sehr schwierig und nur wenigen durch persönliche Tüchtigkeit Hervorragenden zugänglich — Dank dem Mangel

4 *

an wirthschaftlichem Gemeingeist, welcher der modernen
auf Selbstinteresse begründeten volkswirthschaftlichen
Theorie und Praxis inne wohnt —; nicht nur können
auf diese Weise nur mit großer Mühe und in seltenen
Fällen diejenigen Vortheile erreicht werden, welche dem
Großbetriebe von selbst zufallen; sondern es bieten eben
aus diesen Gründen dergleichen Organisationen auch
nicht die geringste Garantie für die soziale Hebung
ganzer Klassen, also eine wesentliche Veränderung der
gesellschaftlichen Zusammensetzung; sie gestatten nur Wenigen, sich dem Drucke der Verhältnisse zu entziehen,
während an der Lage und Organisation der Gesammtheit nichts geändert wird.

So sehen wir also alle drei Formen dieses Ge-
nossenschaftswesens mit ihren mannigfachen Unterarten
der sozialen Frage gegenüber unwirksam; und wenn
wir den tieferen Grund dieser Thatsache zu erfassen
suchen, so werden wir ihn dahin präzisiren müssen:
Die Genossenschaften dieser Art sind zwar hervorgegangen aus der Reaction gegen den Druck, welchen die
gegenwärtige Verwirklichung des modernen Gesellschafts-
prinzips auf die Kleinwirthschafter ausübt, aber sie fas-
sen bestimmte Gesellschaftsklassen überhaupt nicht, oder
nur zu einem verschwindenden Theile zusammen und
gewähren nur Wenigen wirthschaftliche Erleichterung,
ohne im Gange der Volkswirthschaft prinzipielle oder
auch nur wesentliche Aenderungen vorzunehmen. Wohl
suchen sie dem Kampfe um die Reorganisation der Volks-

wirthschaft auszuweichen, aber ihn zu verhindern oder zu schlichten sind sie unfähig. Von derartiger Organisation gleicher Interessen scheint mithin für das Wohl der Gesammtheit, für die Lösung der sozialen Frage nichts zu hoffen.

Wie steht es nun mit der zweiten Hauptart von Verbindungen gleicher Interessen, den Gewerkvereinen? Sie stellen bekanntlich Vereinigungen von Arbeitern desselben oder ähnlicher Gewerke dar von verschiedener örtlicher Ausdehnung, über einen Ort, einen Gewerbsdistrikt, ein ganzes Land sich erstreckend, oder auch internationale Verbände von Arbeitern desselben Gewerks erstrebend. Sie suchen durch organisirtes Zusammenhalten ein Gegengewicht zu gewinnen gegen den von den großen Unternehmern ausgeübten Druck und den Arbeiterstand vor den Gefahren zu schützen, welche die wirthschaftliche Freiheit mit sich bringt. Ihre speziellen Zwecke bestehen darin: ihren Mitgliedern stetige Arbeit und möglichst hohen Lohn zu sichern und sie im Unglücksfalle, bei Arbeitslosigkeit und Unfähigkeit, vor der Verlassenheit zu bewahren, in die sie bei dem gegenwärtigen Wirthschaftssystem in solchen Fällen versetzt werden. Ihre Mittel sind: moralischer Druck auf die Arbeitgeber, Arbeitseinstellungen, durch Beiträge gesammelte Hilfskassen. Wir haben somit bei diesen Bestrebungen wichtige Momente wirklich vorhanden, welche uns bei den anderen Arten von Associationen verhinderten, ihnen sozialreformatorische Kraft beizulegen. Wir

haben eine Organisation von gesellschaftlich und wirth=
schaftlich gleichartigen Elementen und das Bestreben,
durch dieselbe einer ganzen Gesellschaftsklasse eine ver=
änderte Stellung in der Volkswirthschaft zu geben.
Die Gewerkvereine suchen nicht dem sozialen Kampfe
auszuweichen, sondern ihn durchzukämpfen; sie sind
eine Kampfesorganisation, entsprungen aus einem tief=
gefühlten wirthschaftlichen Bedürfniß und mit wohl=
gewählten Mitteln kämpfend; aber gerade darin, daß
sie nur durch Kampf und stets erneuerten Kampf ihren
Zweck erreichen können, liegt auch die Schwäche des
Mittels; mit dem Verschwinden desselben würde Alles
in den vorigen Stand zurückfallen und für die Gesell=
schaft nichts gewonnen sein. Danach besitzen also die
Gewerkvereine an sich eine dauernde sozialreformatori=
sche Bedeutung nicht; indessen möchten sie doch insofern
nicht ohne Bedeutung sein, als sie durch ihr längeres
Bestehen, ihre Organisation und Agitation wohl befä=
higt sind, die Arbeiter, welche an ihnen Theil nehmen,
zu discipliniren, ihre Lebensgewohnheiten zu heben, und
auf eine dauernde gesetzliche Regelung der Verhältnisse
der betreffenden Klasse durch den Staat hinzuwirken.
So sehen wir zum Beispiel durch die englischen Ge=
werkvereine bereits einen unstreitig wohlthätigen Einfluß
auf einen großen Theil der Arbeiterwelt geübt und eine
Veränderung der wirthschaftlichen Gesetzgebung erzielt,
welche von hervorragender sozialer Bedeutung ist. Wenn
aber auch damit das Bestehen der Gewerkvereine ent=

schuldigt und zugleich die soziale Verfassung beschuldigt wird, so wird die Bedeutung dieser Vereine doch noch dadurch sehr abgeschwächt, daß dieselben nicht auf alle Arbeitszweige gleichmäßig anwendbar sind, namentlich für landwirthschaftliche Arbeiter wenig geeignet erscheinen, und sich nur auf das bestimmte Verhältniß zwischen Arbeitgeber und Arbeitnehmer erstrecken. Sie umfassen nicht einmal den ganzen Arbeiterstand, viel weniger die sonstigen Elemente, welche einer Befestigung ihrer sozialen Stellung bedürfen. Die Gewerkvereine also erscheinen zwar weit wichtiger für die Lösung wenigstens eines Theiles der sozialen Frage als die vorhin betrachtete Gattung genossenschaftlicher Bestrebungen, sind aber zugleich eine beständige Mahnung, den Mißständen, welchen sie entsprangen, auf wirksamere Weise entgegen zu treten.

Die weittragendste Bedeutung scheint auf den ersten Blick denjenigen Bestrebungen zuzukommen, welche auf eine Vermittelung entgegengesetzter Interessen auf genossenschaftlichem Wege abzielen; denn wenn die erste Art der Genossenschaften dem sozialen Kampfe ausweichen, die zweite ihn durchkämpfen will, so ist diese dritte darauf angelegt, ihn durch Versöhnung zu schlichten, zu vernichten. Mit Recht dürfte man auf solche Thätigkeit hoffnungsvoll blicken; sehen wir indeß die praktischen Bestrebungen in diese Richtung an, nicht was geredet und geschrieben, sondern was geschehen ist, so beschränken sie sich thatsächlich auf äußerst Weniges

und geben ihrer ganzen bisherigen Entwickelung nach
sehr geringe Aussicht auf bedeutende Erfolge. Zwei
Formen sind zu unterscheiden: erstens Versuche, den
Arbeitern am Geschäftsgewinn durch Geschenke pro rata
des Gewinns oder durch Tantième Mitgenuß zu ver=
schaffen; und zweitens: die Arbeiter am ganzen Un=
ternehmen des Arbeitgebers zu betheiligen, sogenannte
Industrial Partnership. Die erste Form ist entweder
ein Geschenk und hat dann gar keinen wirthschaftlichen
Werth, oder sie ist, gleich dem Stücklohn, eine einfache
Spekulation des Arbeitgebers auf Anspornung der Ar=
beiter zu größeren Leistungen und trägt zu sehr den
Charakter des Willkürlichen, als daß man ihr eine
Bedeutung in unserem Sinne beimessen könnte. Die
zweite Form, die Theilhaberschaft, würde eine Verän=
derung und Befestigung der Stellung der Arbeiter mit
sich bringen und somit eine soziale Organisationsmaß=
regel sein, wenn sie erstens nicht auf einer einseitigen
Conceſſion des Arbeitgebers, sondern auf einer durch=
greifenden Rechtsinstitution, von höherer Gewalt gebo=
ten, geregelt und geschützt, beruhte; wenn zweitens die
Arbeiter hinsichtlich ihres Antheils nicht von der Willkür
des Geschäftsherrn abhängig wären, sondern durch Ein=
sicht in die Geschäfte diesem gleichgestellt werden könnten;
und wenn drittens ein festes, gemeingültiges Prinzip
gefunden wäre, nach welchem Arbeit und Kapital am
Ertrage zu partizipiren hätten. In ihrer bisherigen
Gestaltung ist die Antheilwirthschaft auf zu vereinzelte

Fälle beschränkt, als daß man genügende Erfahrungen
hätte machen können; sie ermangelt all der Bedingun=
gen, welche wir oben aufstellten; sie ist prinzipiell so
eingerichtet, daß die Gefahr einer noch größeren Ab=
hängigkeit des Arbeiters vom Unternehmer nahe liegt;
und sie erscheint ferner nur für wenige Geschäftszweige
mit geringem Risico und einfacher Leitung überhaupt
anwendbar. Die Ausführung einer sozialen Maßregel
darf aber weder von dem Wohlwollen der Betheiligten
abhängen, noch auf eine Minderheit von Fällen be=
schränkt sein; sie darf weder in ihr Gegentheil umzu=
schlagen drohen, noch eines festen Prinzips entbehren.
So sehen wir also auch diese Bestrebungen weder schon
jetzt danach angethan, noch auch in einer solchen Ent=
wickelungsrichtung, daß sie, vom Standpunkt der so=
zialen Frage aus geprüft, die Bedeutung zukunftsreicher
Reformmaßregeln beanspruchen könnten; nur insofern
möchten auch sie zu acceptiren sein, als sie das stellen=
weis zur That gewordene Gefühl ausdrücken, daß Rechts=
formen gefunden werden müssen, welche die prinzipielle
Freiheit der Arbeit zur faktischen ergänzen.

Weitere Schritte von Bedeutung, welche bisher zur
Lösung der sozialen Frage in dieser Richtung gethan wor=
den wären, haben wir nicht zu verzeichnen; und legen wir
nun wieder den Maßstab, welchen wir bei Formulirung
der sozialen Frage gewonnen haben, auch an sie an, ver=
gleichen wir, was sie leisten und was sie leisten müßten,
um wirklichen Einfluß auf die Organisation der Ge=

sellschaft zu gewinnen, so werden wir dieselben als Mit=
tel, welche den Widerspruch zwischen der wirthschaftlichen
und der allgemeinen Entwickelung der Gesellschaft zu
beseitigen im Stande wären, sämmtlich nicht anerkennen
können, sondern nur einem Theile davon die Fähigkeit
zuschreiben dürfen, als Vorbereitung auf die organisa=
torischen Maßregeln zu dienen, welche eine höhere Ge=
walt, welche die Gesellschaft selbst durch Veränderung
ihres Rechtssystems vornehmen müßte, um ihr Ent=
wickelungsprinzip allseitig zu verwirklichen. Jene frei=
willigen und aus dem unmittelbaren augenblicklichen
Bedürfniß hervorgegangenen Schöpfungen können nur
als Fingerzeige dienen für die Richtung, in welcher
soziale Rechte und Pflichten, Sitten und Gesetze sich
allmälig werden gestalten lassen.

Ferner aber können wir uns nicht verhehlen, daß
bei all diesen Bestrebungen von einer umfassenden und
gänzlichen Lösung der sozialen Frage, einer allseitigen
Durchführung und Sicherung des Prinzips der Freiheit
und Gleichheit nicht die Rede ist, sondern daß es sich
nur um einzelne Theile der sozialen Frage handelt.
Und das kann auch nicht anders der Fall sein, weil
die Praxis selbstverständlich vom Einzelnen zum Ganzen
aufsteigen muß.

Wie wir aus der Betrachtung der sozialen Theo=
rieen die Gesammtrichtung erkennen konnten, in wel=
cher sich die Reformbestrebungen, welche auf wissen=
schaftlichem Grunde beruhen, bewegen, so lehrt uns

die eben angestellte Musterung, daß die praktische Re=
form zwar nicht wie diese Bestrebungen prinziplos
tastend, aber doch nicht das Ganze der Frage mit
einmal umfassend, sondern die Hebel an verschiedenen
Stellen einsetzend, sich wird vorwärtsbewegen müs=
sen. Schon allgemeine Ueberlegung und diese Unter=
suchungen noch im Besonderen zeigen uns, daß die
soziale Frage sich durch einen einzigen großen Umschwung
in den gesellschaftlichen Rechtsverhältnissen nicht werde
lösen lassen, sondern daß es sich um einen allmäligen
Ausbau des Gesellschaftsrechts in den einzelnen Theilen,
um eine Lösung der einzelnen Fragen, in welche die
große soziale Frage zerfällt, handelt. Und darum müssen
wir zunächst zusehen, wie sich die soziale Frage in ihre
einzelnen Theile zerlegt.

4.
Die Theile der Sozialen Frage.

In dem vorhergehenden Abschnitte haben wir Bestre=
bungen zusammenfassend betrachtet, welche auf dem Boden
der sozialen Frage stehend nicht auf die Erfassung und
Lösung dieser Frage im Großen und Ganzen hinaus=
gehen, sondern dem momentanen praktischen Bedürfniß
entsprungen einzelne zum Bewußtsein der Betheiligten
gekommene Mißverhältnisse, einzelne Fragen zu lösen
suchen; wir sehen also wie das Anfassen der sozialen
Fragen auf rein empirischen Wege von selbst auf eine
Zerlegung der sozialen Frage in einzelne Fragen hin=
führt. Aus den Untersuchungen des zweiten Abschnitts
konnten wir wahrnehmen, wie die Auffassung der sozia=
len Frage als einer großen gesellschaftlichen Organi=
sationsfrage nothwendig darauf hinweist, die Lösung in
der Reform des Gesellschaftsrechts durch eine höhere
Macht zu suchen. Und die Betrachtungen des ersten
Abschnitts müssen uns in Verbindung mit dem Folgenden
lehren, wie der Endpunkt aller dieser Bestrebungen liegt
in der Verwirklichung des modernen Prinzips der Frei=
heit und Gleichheit für alle Schichten der Gesellschaft;
und zwar sowohl der politischen wie der wirthschaftlichen
Freiheit und Gleichheit; denn erst durch eine gleichmä=

ßige Entwickelung beider zusammenwirkenden Bestand=
theile des gesellschaftlichen Daseins kann die soziale
Harmonie herbeigeführt werden.

Wenn wir nun zurückschauen auf das bisher Durch=
dachte, erkennen wir eine gewisse Entwicklungsreihe in
den Anschauungen von der sozialen Frage, welche uns zu
vergenwärtigen zur weiteren Klärung der Begriffe von
unserm Gegenstande beitragen dürfte. Wir sehen: Der
Erste, welcher den Widerspruch der modernen Gesell=
schaftsentwicklung mit dem eigenen Grundprinzip zu erken=
nen und theoretisch zu lösen suchte, war Saint Simon.
Er lebte gerade in der Zeit wo die langsam gereifte
Culturidee der Freiheit und Gleichheit durch die fran=
zösische Revolution sich eine gewaltsame, blutige Bahn
brach, und sich auf politischem Gebiet als Idee der
angeborenen Menschenrechte, auf wirthschaftlichem in
dem Lehrsatze, daß die Arbeit die Grundlage der Wirth=
schaftsgesellschaft bilden müsse, documentirte. Saint
Simon suchte nun eine Harmonie der politischen und
wirthschaftlichen Entwicklung in der Unterwerfung der
politischen Organisation unter die Arbeitsorganisation;
er nimmt für die Arbeit als Erhalterin der materiellen
Gesellschaft die Stellung als Ordnerin aller Gesellschafts=
verhältnisse in Anspruch. Er hatte damit einen neuen
Blick in das Verhältniß zwischen wirthschaftlicher und
politischer Gesellschaft eröffnet, er hatte den Weg zur
Formulirung der sozialen Frage gewiesen; aber in über=
triebener Reaction gegen die mittelalterliche Gesellschafts=

verfassung zugleich über das Ziel hinausgeschossen.
Denn das moderne Prinzip der Freiheit und Gleichheit
bedingt nicht die Unterwerfung einer Entwickelungsseite
der Menschheit unter die andere, sondern es stellt die
Verwirklichung jener Grundverhältnisse als das einzig
mögliche Fundament hin, auf dem die Gesellschaft ihr
Endziel: die höchste allseitige und für Alle gleichmäßige
Culturentwicklung erreichen kann. Und wie nun daraus
von selbst folgt, daß keine der beiden Seiten des sozialen Daseins, die wirthschaftliche und die politische
auf Kosten der anderen ausgebildet werden darf, so
kann auf die Personification der Gesellschaft, der Staat,
nicht in der Entwicklung der einen von beiten Seiten
aufgehen. Es bleibt nun aber bei alledem die Frage
offen: wie die Harmonie zwischen politischem und wirthschaftlichem Leben und somit der Gesammtentwicklung
herzustellen sei, wenn die jetzige Anwendung des Prinzips zu einer solchen nicht verhilft. Im politischen Leben
ist die Durchführung geschehen durch die Zerstörung der
alten ständischen Gliederung bis auf wenige Reste und
den Neubau des ganzen politischen Körpers; die wirthschaftliche Grundlage hingegen ist nur somit hinweggeräumt als sie mit der politischen zusammenhing und
von ihr beherrscht war; und wir haben gezeigt, wie
es gerade dadurch kommt, daß dasselbe Prinzip nicht
dieselben Wirkungen äußert. Man könnte deshalb auch
hier, analog der politischen Entwickelung, darauf ver-
fallen, daß die alte Grundlage ganz beseitigt werden,

Abbruch und Neubau auch auf wirthschaftlichen Gebiete Statt haben müsse. Indeß die bisherigen Vorschläge zu einer solchen Radikalkur, die communistischen, haben sich als völlig ungenügend erwiesen, weil sie nicht er= sehen lassen, wie dabei das bereits erreichte Maaß der Kulturerrungenschaften festgehalten werden kann.

Diejenigen welche die Saint Simonistischen Ideen vom Standpunkte einer organischen Fortentwicklung der Gesellschaft aus weiter verarbeiteten, haben ihnen des= halb eine Wendung zu geben versucht, welche die Her= stellung der Harmonie zwar momentan ausschließt, aber doch als Endziel im Auge behält. Sie wollen den jetzt gedrückten, arbeitenden Klassen zur politischen Herr= schaft verhelfen zum Zweck der Durchführung wirthschaft= licher Organisationen, welche die Freiheit und Gleichheit auch auf diesem Gebiete sichern sollen. Sie wollen also die Unterwerfung der politischen Gesellschaft durch die wirthschaftliche nicht um ihrer selbst willen, sondern im Interesse der schließlichen sozialen Harmonie. Aber dieses Mittel — der Grundgedanke der Sozialdemokratie ist der modernen Entwicklungsidee ebenso widersprechend, wie der Zustand selbst, den es beseitigen will. Ein Recht der arbeitenden Klassen auf die Herrschaft ließe sich immer nur als ein Nothrecht denken, gegenüber der Gefährdung des gesellschaftlichen Gleichgewichts, welche darin liegt, daß die jetzige wirthschaftliche Ent= wicklung nicht nur zur wirthschaftlichen, sondern in deren Gefolge auch zur politischen Unterwerfung der Schwä=

cheren führen muß. Auf ein solches Nothrecht aber einen dauernden Zustand begründen zu wollen, schließt ein enormes Risiko für die Gesellschaft ein, und wenn es irgend einen anderen Weg zur Erreichung des End=ziels giebt, so muß dieser vorerst untersucht und erprobt werden.

Wenn man nun nach alle dem sieht, daß der Schwerpunkt für die Lösung der sozialen Frage doch in der Organisation der wirthschaftlichen Gesellschaft liegt, so ergiebt sich nach Zurückweisung jener Gedanken die Möglichkeit, von einem Zusammenhang der politi=schen und wirthschaftlichen Organisation ganz zu ab=strahiren und mit rein wirthschaftlichen Organisations=versuchen vorzugehen. Dieses Absehen vom organischen Ganzen wird dann zu solchen vereinzelten praktischen Versuchen führen, wie sie uns in den Untersuchungen des vorigen Abschnitts entgegen getreten sind. Es ist leicht einzusehen, wie gerade diese Art von Sozialismus, den man auch mit dem ganz bezeichnenden Namen: Privatsozialismus belegt hat, flüchtigen oder befangenen Beurtheilen gegenüber sich leicht als der einzig wahre und praktische Sozialismus wird darstellen können, weil es ihm leicht wird, schnell kleine Resultate zu erzielen und aufzuweisen, während Bestrebungen, die aus einer höhe=ren Auffassung der sozialen Frage hervorgehn, äußer=liche Erfolge noch nicht erreicht haben. Man könnte diese dritte Richtung des Sozialismus als Reaction gegen die beiden ersten bezeichnen, wenn sie überhaupt

als zweckbewußte, selbständige Richtung aufzutreten An=
spruch machen dürfte, und nicht vielmehr einem zwar
richtigen aber dunkeln Organisationsbedürfniß entsprungen
ohne wissenschaftliche Begründung, oder nur mit sehr
verfehlten Versuchen einer solchen ausgestattet, ihren
wenig hoffnungsvollen Weg machte. Der Privatsozia=
lismus hat seine Vertheidiger nur auf Seiten derjenigen
Wirthschaftspolitiker gefunden, und kann sie nur dort
finden, welche die vollkommenste Entwicklung der Volks=
wirthschaft von der „Nichtintervention des Staats,“
und von ihr selbst nichts als die größtmögliche Pro=
duktion von materiellen Gütern erwarten; deren Parole
es ist: „die Volkswirthschaft ihren eigenen Entwicke=
lungsgesetzen überlassen“ oder gar den „Naturgesetzen
der Volkswirthschaft freien Lauf lassen.“ Aber gerade
diese Richtung ist es ja, welche das Prinzip der Frei=
heit und Gleichheit in der Art anwendet, daß durch
das Bestehenbleiben der geschichtlichen Grundlagen die
Elemente der Ungleichheit und Unfreiheit in die Ent=
wicklung gelegt sind; und wir sind in unserer Formu=
lirung der sozialen Frage gerade zu dem Resultat
gekommen, daß diese Richtung der Volkswirthschafts=
politik den Inhalt der Frage erzeugt hat. Mithin kann
nur in einer Reaction gegen diese Richtung die Lösung
liegen. Das Prinzip der Freiheit und Gleichheit auf=
gefaßt als freies Gehenlassen entwickelt nur die Freiheit
des Stärkeren, welcher freiwillige Organisationen der
Schwächeren keinen Widerstand, der nicht in gewalt=

5

samen Umsturz ausartet, entgegenzusetzen vermögen;
nur eine höhere vermittelnde Macht kann die Interessenherrschaft der Einen, das Widerstreben der Anderen in cul-
turfreundliche Bahnen leiten. Diese Leitung ist aber nur
durch neue Rechtsbildungen möglich, welche jenes freie
Gehenlassen durch Organisation ersetzen; und solche können
wiederum nur aus einer systematischen Auffassung der
sozialen Frage heraus, nicht durch empirische Experimente,
wie sie der Privatsozialismus leisten kann, geschaffen
werden.

Diese systematische Auffassung der sozialen Frage
und ihrer Lösung haben wir mit den vorhergehenden
Erörterungen insofern vorzubereiten uns bemüht, als
wir den Inhalt und Charakter der Frage gekennzeichnet
und die Richtung untersucht haben, welche die Gesammtheit der Lösungsversuche zu nehmen hat. Wir werden
uns nun bestreben müssen, die Richtung für die einzelnen Reformbestrebungen dadurch zu finden, daß wir
die Frage in ihren einzelnen Theilen näher zu begrenzen
suchen.

Zwei genau zu bezeichnende Momente haben wir
erkannt als die ursächlichen Wirkungen des dem modernen Kulturprinzip feindlichen Mißverhältnisses, welches
die soziale Frage schafft: erstens die Uebermacht der geschichtlich constituirten Besitzverhältnisse über die besitzlose
Arbeit; zweitens die Uebermacht des Großbesitzes über
den Kleinbesitz. Dieses Uebergewicht macht sich geltend,
sobald die Verhältnisse, wie jetzt geschieht, ihrer soge-

nannten natürlichen d. h. organisationslosen Entwicklung
überlassen werden. Damit ist aber auch ausgesprochen,
daß nur da, wo und nur soweit diese beiden Verhält=
nisse auf die Gesellschaft frei wirken, eine soziale Frage
vorhanden ist. Daraus wird klar, daß weder alle
Schichten der Gesellschaft überhaupt, noch alle Betroffe=
nen gleichmäßig betroffen werden; denn erstens giebt
es bevorzugte Klassen, denen jenes Mißverhältniß zu
Gute kommt, zweitens solche, welche der wirthschaftliche
Druck nicht trifft, weil sie außerhalb jener wirthschaft=
lichen Kette stehen, und drittens wird das Verhältniß,
in welchem die verschiednen Wirthschaftskreise getroffen
werden, ein durchaus verschiednes sein, je nach der
Stärke, in der sie ihrem Wesen nach dem Drucke zu=
gänglich sind. Da es sich um einen Druck des Besitzes
auf die besitzlose Arbeit und einen Druck des Groß=
besitzes auf den Kleinbesitz handelt, so haben wir zwei
Gegensätze: erstens stehen die Besitzer den Arbeitern,
zweitens die Großbesitzer allen anderen Gesellschafts=
klassen gegenüber. Wenn wir sagen: allen anderen
Gesellschaftsklassen, so müssen damit diejenigen gemeint
sein, welche vermöge ihrer wirthschaftlichen Stellung
überhaupt jenem Drucke ökonomischer Uebermacht unter=
liegen können. Es ist nämlich klar, daß die wirth=
schaftlichen Lebensbedingungen der verschiedenen Gesell=
schaftsschichten und Berufsstände durchaus nicht die
gleichen hinsichtlich dieses Verhältnisses sind. Ein großer
Theil der Gesellschaft steht auf solchen wirthschaftlichen

Grundlagen, daß er, wenigstens unmittelbar, jenem
Drucke unzugänglich erscheint und als Object der sozialen
Frage daher nicht in Betracht kommen kann. Denn
wenn es sich handelt um einen Druck des Kapitals
auf die Arbeit, des großen Kapitals auf das kleine,
so kann das natürlich nur da geschehen, wo seine Kräfte
volkswirthschaftlich in Berührung und Rivalität kommen, also nur da, wo sie sich in der Werthschaffung
und Werthaneignung mit Bezug auf bestimmte Güter
begegnen, und zwar solche Güter, über welche eine aus-
schließliche wirthschaftliche Herrschaft möglich ist; mithin materielle, nicht geistige Güter. Nur auf dem
Boden der Werthschaffung und Werthaneignung können
jene Mißstände, welche die soziale Frage erzeugen, Platz
greifen; er ist der Boden der sozialen Frage. Daher
können von ihr auch nur diejenigen Gesellschaftsklassen
betroffen werden, welche sich an jenen wirthschaftlichen
Prozessen mit Kapital oder mit Arbeit oder mit beiden
zugleich betheiligen. Große Kategorieen der Gesellschaft
werden deßhalb von vorn herein aus dem Bereich der
sozialen Frage ausgeschlossen sein, activ wie passiv;
nämlich die große Zahl derjenigen, welche wir vom
volkswirthschaftlichen Standpunkt aus als nur mittelbar an der Produktion materieller Güter betheiligt bezeichnen können. Alle, welche den Bedürfnissen des
Staatslebens und der in ihm eingeschlossenen Kultur-
anstalten, alle, welche unmittelbar persönlichen Bedürfnissen, seien sie materieller, seien sie geistiger Natur,

dienen, sind jenem Felde des Kampfes entrückt, wo die natürlichen Vortheile des wirthschaftlich Stärkeren bei der Werthschaffung und Aneignung unmittelbar zur Geltung kommen können. Ihre wirthschaftliche Thätigkeit besteht in Leistungen, welche weder einer bestimmten Begrenzung noch festen Werthschätzung fähig sind, noch auch bestimmte aneignungsfähige und abschätzbare Produkte hervorbringen. Hier handelt es sich nicht um Herrschaftsverhältnisse, welche auf der Ueberlegenheit des wirthschaftlich Mächtigeren in Werthschaffung und Aneignung beruhen, sondern um freiwillige Dienstverhältnisse, in denen ein Kampf um den Werthantheil nicht Statt haben kann. Denn ebenso wie sich die Art der Thätigkeit dieses Theiles der Gesellschaft als eine außerhalb des Mechanismus der Güterproduktion stehende charakterisirt, so ist auch die Art ihres Einkommens eine besondere. Es handelt sich hier nicht um ein solches, das als ein unmittelbar aus dem Produktionsprozesse hervorschießender Werthantheil betrachtet werden könnte, sondern um ein Einkommen, dessen Quelle und Wesen man nicht sowohl in der wirthschaftlichen Produktivität als in der gesellschaftlichen Stellung des betreffenden Empfängers suchen muß. Wir können diese, quantitativ vom Minister bis zum Dienstmädchen unendlich verschiedene, aber qualitativ, seiner Natur nach doch gleiche Einkommensart als Standeseinkommen bezeichnen, dem wir die andere Hauptgattung des Einkommens unter den Namen Produktionseinkommen ent=

gegenſetzen dürfen. Aus dieſen beiden Merkmalen, der
Thätigkeit und dem Einkommen, ſondert ſich uns alſo ein
Theil der Geſellſchaft aus, welcher als Object der
ſozialen Frage nicht zu betrachten iſt. Soweit in der
geſellſchaftlichen Lage dieſer Klaſſe Uebelſtände beſtehen —
wir erinnern an die Lage des kleinen Beamtenthums,
die Dienſtbotenfrage und ähnl. — handelt es ſich nicht
um Aenderung der Stellung dieſer Klaſſen in der Volks=
wirthſchaft, nicht um eine andere Antheilnahme an der
Werthbildung und Aneignung, um einen Schutz vor
Gefährdung ihrer Lage durch eine wirthſchaftlich mäch=
tigere Geſellſchaftsſchicht, mit einem Wort nicht um
wirthſchaftliche Organiſationsfragen.

Die Urſachen und Wirkungen, welche die frei wal=
tenden wirthſchaftlichen Kräfte dem Prinzip der Freiheit
und Gleichheit entgegen wirkend erſcheinen laſſen, ſind
augenſcheinlich nur zu ſuchen da, wo die Schaffung
der Güter und Aneignung der Werthe ſich unmittelbar
herleiten läßt aus dem Antheil der Beſitz= und Herr=
ſchafts=Verhältniſſe, des Kapitals und der Arbeit. Dort
nur können die beiden Erſcheinungen ſich vollziehen,
welche wir als Urſachen der wachſenden Ungleichheit
und Unfreiheit hingeſtellt haben: der Druck des Beſitzes
auf die arbeitenden Beſitzloſen und kleineren Beſitzenden
vermöge der geſchichtlichen und natürlichen Ungleichheit
unter dem Prinzip der Gleichheit und Freiheit. Es
wird ſich alſo nun darum handeln, näher zuzuſehen,
in welchen einzelnen Wirkungen dieſer Druck beſteht,

um dadurch den Inhalt der sozialen Frage noch näher zu erfassen.

Wenn wir von einem wirthschaftlichen Wechselver-hältniß der Besitzenden und Besitzlosen, oder — diese beiden in wirthschaftlicher Aktion gedacht: der Kapita-listen und Arbeiter, des Kapitals und der Arbeit sprechen, so ist ein solches nur da denkbar, wo es sich um Güter-mengen handelt, welche hervorgebracht und in die Volks-wirthschaft hineingebracht werden, oder, volkswirthschaft-lich gesprochen, um die Werthschaffung und Werthaneig-nung, während die Werthconsumtion als solche eine rein privatwirthschaftliche Verrichtung ist, bei der sich jene Gegensätze nicht geltend machen können. Was ist nun also bei der gegenwärtigen Art der Werthschaffung und Aneignung das Eigenthümliche, welches die soziale Frage erzeugt? Bei der Werthschaffung kann die Eigenthüm-lichkeit nicht in der Menge des Geschaffenen, sondern nur in der Art der Schaffung bestehen; die Quantität der Güter kann niemals eine soziale Frage, eine Frage nach der Organisation der Gesellschaft bedingen, sie könnte nur in Beziehung gesetzt werden zu der Bevölkerungs-frage als solcher, eine Beziehung, deren Fruchtbarkeit oder Unfruchtbarkeit für die Wissenschaft wir hier nicht zu untersuchen haben. Bei der Werthaneignung hingegen sind Art und Menge insofern untrennbar verknüpft, als die Art, wie die Werthe angeeignet werden und werden dürfen: die Mengen, welche die Einzelnen aneignen kön-nen, also die Vertheilung der Werthe bedingt. Hiernach

sind es aber nun offenbar zwei Grundprinzipien,
welche die Art der Werthschaffung und Aneignung in
der modernen Volkswirthschaft beherrschen, nämlich:
erstens das Prinzip der Arbeitsleitung, Theilung und Ver=
einigung nach rein technischen Rücksichten zur Erzielung
der höchsten Produktion; und zweitens das Prinzip des
absoluten, nicht durch Rücksichten auf soziale Cultur=
zwecke eingeschränkten Eigenthums am Stoff. Aus die=
sen Prinzipien und der Art ihrer Handhabung werden
sich die wirthschaftlichen Eigenthümlichkeiten der moder=
nen Gesellschaft herleiten lassen. Wir haben diese nun
noch weiterhin nach der Seite zu beleuchten, wo sie
eine kulturfeindliche Tendenz entwickeln.

Gemeinsam jenen beiden Prinzipien ist augenschein=
lich der Grundzug, daß, sowohl bei der Werthschaffung
als Aneignung, nicht soziale Kulturrücksichten, sondern
technisch wirthschaftliche Zwecke allein maßgebend sind
und daß dabei das anerkannte Kulturprinzip der mo=
dernen Gesellschaft insofern keine Beachtung findet,
als die unbeschränkte Anwendung der wirthschaftlich=
technischen Rücksichten keinerlei Garantie für Aufrecht=
erhaltung der Gleichheit und Freiheit bietet. Es wird
ferner nicht schwer sein, auch aus der Anwendung jedes
der beiden Prinzipien die Möglichkeit, ja die Noth=
wendigkeit der Gefährdung des sozialen Gleichgewichts
zu folgern. Erstens: Das Prinzip der rein technischen
Arbeitstheilung behufs der größtmöglichsten Produktion
schließt eine Begünstigung der Massenerzeugung und

damit des Großkapitals ein; das Produziren für den
Weltmarkt, die Schwankungen der Conjuncturen, den
Druck auf die Gewinnstquote, welche mit der Massen=
produktion Hand in Hand gehen, kann nur das Groß=
kapital vertragen; es muß durch seine conzentrirte
wirthschaftliche Kraft die Kleinunternehmung und die
Arbeit in jedem Geschäftszweige, welcher seiner Natur
nach dem Großbetriebe zugänglich ist — und an An=
strengungen, immer mehr Betriebszweige ihm zugäng=
lich zu machen, fehlt es nicht — nothwendig unterdrücken
und beherrschen. Zweitens: Das Prinzip des, kurz ge=
sagt, rücksichtslosen Stoffeigenthums bringt einmal, wo
Sklaverei diese nicht überflüssig macht, eine Theilung
zwischen Kapital und Arbeit in der Art mit sich, daß
der Arbeiter für seine Arbeit nicht durch einen Antheil
am Produkt, sondern mit Hilfe der Geldwirthschaft
durch einen zum Produkt in gar keiner oder nur ganz
äußerlicher Beziehung stehenden Lohn ein für alle Mal
abgefunden werden kann, und dann ermöglicht der
unbeschränkte Gebrauch der materiellen Herrschaft die
Ausübung einer vernichtenden Spekulation auf das
Eigenthum Anderer, die schrankenlose Werthaneignung
durch den Stärkeren. Man sieht, daß die Wirkungen
dieser beiden Prinzipien sich einander ergänzen und die
Bedingungen für ganz bestimmte wirthschaftliche Bil=
dungen in sich tragen, welche Mißbildungen zu werden
in beständiger Gefahr sind. Erstens ist die Führung
der Volkswirthschaft in die Hand des Großkapitals ge=

geben, welches seine Herrschaft zum Nutzen wie zum Schaden der Gesammtheit ausbeuten kann; zweitens ist die Lage der kleinen Besitzer beständig in Frage gestellt durch die Fortschritte der wirthschaftlichen Technik sowohl als durch die willkürliche Speculation der größeren, und drittens ist durch das Lohnsystem ein Stand von Arbeitern im Solde des Kapitals geschaffen der je länger je mehr eine homogene Masse und ein eigenthümliches Ferment der Gesellschaft bildet. Entsprungen der modernen Technik ist ihm gemeinschaftlich der lose Zusammenhang mit den Geschätszweigen, welchen er seine Kraft widmet, die Art der Entlohnung durch eine Geldabfindung, die Unsicherheit der Lage, die Zukunftslosigkeit; das verbindet die einzelnen Abtheilungen dieser Schichte zu einer Klasse, deren Zusammengehörigkeitsgefühl sie schließlich zu gemeinsamen Handeln treiben muß.

Dies ergiebt sofort drei große allgemein zu formulirende Fragen: Erstens, welcher Schranken bedarf die Herrschaft des Großkapitals, um eine culturfeindliche Unterjochung der wirthschaftlichen Gesellschaft unter dasselbe zu verhindern? zweitens, wie ist der Kleinbesitz in seinem Bestande zu sichern? und drittens, welcher Organisation bedarf der Lohnarbeiterstand, um als ein gesundes Glied in den Gesellschaftsorganismus eingeführt zu werden?

Lassen sich nun diese Fragen in der Allgemeinheit, wie sie gestellt sind, beantworten und durch Anwendung

prinzipieller Mittel lösen? Offenbar kann man ihnen
gegenüber allgemeine Forderungen aufstellen und dem
Staat zur Durchführung empfehlen. Hinsichtlich der
ersten Frage wird man als Mittel angeben können
Beschränkungen des Großkapitals erstens durch Steuern
auf Einkommen und Erbschaft, soweit es unbeschadet
des technisch-wirthschaftlichen Fortschritts geschehen kann,
zu Gunsten der Allgemeinheit, zweitens durch Hemmung
der rücksichtslosen Werthaneignung zu Gunsten des
Kleinbesitzes, und drittens durch Maßregeln, welche zu
Gunsten der Lohnarbeiter die Ausnutzung und Ab-
nutzung seiner dienstbaren Kräfte in die Schranken
verweisen, welche im Interesse der Theilnahme dieser
Klasse an den allgemeinen Kulturfortschritten gezogen
werden müssen. Für den zweiten Punkt wird man verlangen können: die Conservirung des selbständigen,
unabhängigen Kleinbesitzes durch besondere Einrichtungen
zu Gunsten desselben, bestehend theils in Gesetzgebung
für erleichterten Gebrauch und Erwerb kleinen Kapitals,
theils in Veranstaltungen der Verwaltung z. B. Banken,
Schulen rc. zu demselben Zweck. Bezüglich der dritten
Frage wird die Forderung zu stellen sein: daß die durch
die neuere Wirthschaftstechnik geschaffene Arbeiterklasse
nicht auf dem Standpunkte eines reinen Produktions-
mittels im Dienste der Reichthumserzeugung belassen
werde, sondern als gesellschaftliche Klasse ein Recht
empfange, welches ihren Antheil an der Produktion
regelt und sichert und ihr Schutz vor wirthschaftlichem

Druck verschafft: und daß durch Einrichtungen, welche
sie in dem Erwerb von geistigen und materiellen Gute
fördern, die Gefahr von ihr abgewendet werde, die in
ihrer Stellung liegt, nämlich die Grundlage der Gleich=
heit und Freiheit, und damit des Kulturfortschritts zu
verlieren.

Dies sind die drei Fragen und die sich daran
knüpfenden Forderungen, welche sich aus den Eigen=
thümlichkeiten der modernen Volkswirthschaft herleiten
lassen, und in welche sich die soziale Frage zerlegen läßt;
man sieht, wie diese letztere weiter herab sich in juristisch=
öconomische, man könnte sagen: verwaltungsrechtliche
Fragen auflöst, wenn der Ausdruck nicht zu sehr nach
der bloßen Technik der Politik klänge.

Aber auch diese Fragen und Forderungen werden
in dieser Formulirung sich immer noch nicht zur un=
mittelbaren Lösung darbieten und eignen. Dazu wird
erforderlich sein, daß man sie weiter in der Art zerlegt,
daß man die hier für die ganze Volkswirthschaft auf=
gestellten für die einzelnen Zweige der Volkswirthschaft
wiederholt; denn es ist klar daß diese der Eigenthüm=
lichkeit ihres Betriebes nach auch eigenthümliche Behand=
lung erheischen und auch weder in derselben Art noch in
derselben Stärke den Eigenthümlichkeiten der modernen
Wirthschaftstechnik und Wirthschaftsart zugänglich sind.

Hiernach wäre also unter Festhaltung jener Ge=
sichtspunkte einerseits und Erwägung der praktischen
Verhältnisse der verschiedenen Zweige der Volkswirth=

schaft andrerseits nach den jedesmal zweckmäßigsten
Mitteln zu forschen, welche die thatsächliche Freiheit
und Gleichheit als Kulturgrundlage überall garantiren
würden. Nehmen wir z. B. die erste Frage, so ist
ersichtlich, daß die Beschränkung des Großkapitals eine
andere sein muß in der Industrie, eine andere im Handel,
eine andere in der Landwirthschaft. Bei der ersten ist
es die Gefährdung des Kleinkapitals durch die Concurrenz des großen, welche besonders in Betracht kommt;
bei dem zweiten, dem Handel, ist es nicht sowohl die
Rivalität der unter einander Arbeitenden als die Beseitigung kulturfeindlicher, unproduktiver Speculation, auf
welche das Augenmerk zu richten wäre; und in der
dritten, der Landwirthschaft, ist es nicht sowohl die
Ueberlegenheit der kapitalistischen Technik in welcher die
Gefahr der Fortschritte des Großkapitals liegt, als das
Aufsaugungsvermögen des Großbesitzes, welches zur
Latifundienwirthschaft führt. So nöthigen also die
Eigenthümlichkeiten der einzelnen Wirthschaftszweige zu
verschiedenen Formulirungen und Lösungsversuchen der
Frage; indessen bietet unser gegenwärtiges Thema keine
Nöthigung, weiter in die Einzelheiten herabzusteigen
nachdem wir die prinzipiellen Gesichtspunkte dargelegt
haben; nur auf eine Frage noch näher einzugehen er-
giebt sich aus dem Vorstehenden als unvermeidlich, es
ist dies die dritte, die Arbeitsfrage.

Während nämlich die anderen Theile der sozialen
Frage verhältnißmäßig einfach sich gestalten und ver-

hältnißmäßig leicht zu behandeln und zu lösen sein möch=
ten, hebt sich deren dritter Haupttheil aus mehrfachen
Gründen als besonders schwierig und wichtig heraus.
Hier steht man nicht, wie dort auf dem Boden einer un=
unterbrochenen geschichtlichen und rechtlichen Entwicklung,
um deren Erhaltung in gesunden Bahnen es sich handelt,
sondern wir haben vor uns eine ganz neue, in alle
Wirthschaftszweige vertheilte Schicht der Gesellschaft,
auf dem Grunde jener vorher von uns entwickelten
Prinzipien der Arbeits= und Eigenthumsfreiheit von der
Wirthschaftstechnik geschaffen, welche einer organischen
Einfügung in die Gesellschaft und einer Begrenzung und
Befestigung ihrer Stellung in derselben harrt, und
uns durch die Documentirung eines wachsenden gemein=
samen Klasseninteresses gegenüber den andern Gesell=
schaftsschichten täglich daran erinnert, daß hier eine
ungelöste Frage und eine Gefahr, der noch nicht vor=
gebeugt ist, vorliegt. Einen Kampf zu vermeiden
zwischen dieser neuen, der modernen Entwicklung eigen=
thümlichen Klasse mit den alten, derselben Garantieen zu
verschaffen, auf die sie nach den bisherigen Rechtsan=
schauungen über Werthschaffung und Aneignung keinen
Anspruch hat, ist die besondere Aufgabe diesem Theil
der sozialen Frage gegenüber, der darum eine eingehendere
Erörterung erheischt.

Bevor wir zu derselben übergehen, möchte es sich
in dieser Untersuchung über die Theile der sozialen
Frage noch darum handeln, zu beleuchten, welche

Stellung zu ihr und in ihr dann jene einzelne Fragen
einnehmen, die als Tagesfragen mit der Bezeichnung
als soziale Fragen belegt oder wenigstens mit der sozialen Frage in Beziehung gesetzt zu werden pflegen.
Wie wir schon Eingangs unsere Betrachtungen sahen,
wird einer großen Menge solcher Fragen, von dem
umfassenden Interesse der Frauenfrage bis herab zum
geringen Umfang einer Austernfrage der Charakter von
sozialen Fragen vindizirt. Wir wollen nur in aller
Kürze die Stellung von dreien dieser Fragen kennzeich-
nen, welche als Typen der verschiedenen Richtungen
dazu dienen werden, um die Stellung ähnlicher auf-
tauchender Fragen zur sozialen Frage zu bestimmen;
wir wählen: die Wohnungsfrage, die Frage der stehenden Heere und die Frauenfrage.

Prüfen wir die Stellung und Wichtigkeit jeder
derselben, so glauben wir die Natur der sozialen Frage
als einer solchen, bei der es sich um gesellschaftliche
Organisationsfragen handelt, hinreichend charakterisirt
zu haben, um ohne Weiteres klar werden zu lassen,
daß es sich bei der ersten Frage, der Wohnungsfrage, d. h. wie gesunde, die Sittlichkeit begünstigende
und billige Wohnungen für die Aermeren zu beschaffen
seien, nicht um eine soziale Frage handelt, selbst wenn
wir den Nachdruck auf den Werth der Wohnung für
die Sittlichkeit legen, sondern um eine Frage, welche
sich theils durch den kräftigen Gebrauch der bereits
allgemein anerkannten Polizeigewalt des Staates lösen

läßt, der im Interesse der Volksgesundheit dergleichen Wohnungen nicht dulden soll, theils durch die Lösung der sozialen Frage sich von selbst erledigen würde, während ohne Zusammenhang mit der Hauptfrage hervortretende Bestrebungen auch ohne dauernden Erfolg bleiben müssen.

Was das zweite der aufgestellten Themata, die Frage der stehenden Heere betrifft, so kann auch diese, wenigstens in ihrer gegenwärtigen Gestaltung bei den modernen Kulturvölkern als soziale Frage nicht mehr betrachtet werden. Sofern sie nämlich einerseits in der Frage nach dem ewigen Frieden gipfelt, hat sie mit der Zusammensetzung der einzelnen Volksgesellschaften überhaupt nichts zu thun; und sofern sie andrerseits als Frage der Ueberlastung der Armen den Reicheren gegenüber aufgefaßt werden kann, so ist in der allgemeinen Wehrpflicht bereits das Prinzip gefunden, welches die Gleichheit Aller vollkommen sichert. Wenn diese in Ländern mit ausgedehntem Colonialbesitz nicht vollständig ausreichend erscheint, so ist das nur eine Mahnung zum Aufgeben des auch aus anderen Gründen verwerflichen Colonialbesitzes überhaupt, oder zur Ergänzung desselben durch ein Soldheersystem, das schon wegen seiner Kostspieligkeit in Verbindung mit der allgemeinen Wehrpflicht eine Gefahr für das soziale Gleichgewicht nicht in sich schließen kann. Die Frage von einem dritten Gesichtspunkt aus aufgefaßt, nämlich wiefern eine richtig gehandhabte und ausgenutzte allgemeine Wehrpflicht als Mittel der Volksbildung dienen kann, steht mit unserem Thema gleichfalls in keinem unmittelbarem Zusammenhange.

Unter dem Namen der Frauenfrage aber stoßen wir allerdings auf eine Frage, welche sich zu einer sozialen erweitert, sobald wir dieselbe nicht als eine bloße Frauen=emancipationsfrage, sondern als Arbeitsfrage auffassen, welche durch die gesellschaftlichen Eigenthümlichkeiten der Frauen auch eine eigenthümliche Gestalt annimmt. Wir werden sehen, wie sich dieselbe dann aus der Arbeiterfrage als eine selbstständige herauslöst und den Gegenstand einer besonderen Untersuchung bilden muß; zunächst ist es also diese, welche nnsere Aufmerksamkeit in Anspruch nimmt.

5.

Die Arbeiterfrage.

Wir sind durch unsere bisherigen Betrachtungen darauf geführt worden, daß im Vergleich zu den anderen Theilen der sozialen Frage derjenige, welchen man mit Recht die Arbeiterfrage nennt, der hervorragendste und schwierigste sei, weil es sich hier um eine durch die Technik und das Recht der modernen Wirthschaft geschaffene neue Klasse der Gesellschaft handelt, welche, aus den früher rechtlich unterdrückten Klassen zu prinzipieller Freiheit hervorgehoben, den alten politisch und wirthschaftlich herrschenden Klassen gegenüber um Anerkennung ihres Rechts auf Freiheit und Gleichheit durch thatsächliche Garantieen ringt.

Man kann die Grenzen der Arbeiterfrage nicht dadurch verwischen, daß man sagt: es sei jeder, der Werthe schafft, ein Arbeiter, da nach den Lehren der Nationalökonomie der Werth durch Arbeit entstehe. Es ist das eine jener vielen Abstraktionen der modernen Volkswirthschaftslehre, mit der die Erkenntniß des Wirthschaftslebens in der That eher verwirrt als gefördert wird. Untersuchen wir die Quelle des Werthes, so können wir dieselbe unmöglich in der Arbeit finden.

Der Werth ist die soziale Funktion der Güter, und in der That ist es weder die Arbeit noch das Kapital, welches denselben schafft, sondern es sind die sozialen Einrichtungen und Conjuncturen, welche denselben hervorbringen. Kapital und Arbeit schaffen nur todte Güter, welche außerhalb der gesellschaftlichen Rechtssphäre nur Nützlichkeiten sind. Erst durch die Gesellschaft werden diese zu meßbaren Werthen. Wenn die Erzeugung der Güter auch auf rein wirthschaftlichen Verrichtungen beruht, so ist doch die Schaffung und Vertheilung der Werthe durchaus von den sozialen Institutionen bedingt; und in welcher Weise sich die verschiedenen Klassen der Güterprobuzenten an derselben betheiligen können, hängt ganz von diesen Einrichtungen, also von Sozialgesetzen ab, die durch menschlichen Willen, menschliche Willkür geschaffen und veränderlich sind, nicht von unabänderlichen, natürlichen Wirthschaftsgesetzen. Bedarf es hierfür noch eines Beweises? Lehrt uns nicht jeder Blick in die Geschichte diese Wahrheit? Jedermann weiß, daß nicht nur die Würdigung, sondern auch der Produktions= und Consumtionseffekt eben derselben Leistungen und Güter auf verschiedenen Kulturstufen der Völker, unter verschiedenen gesellschaftlichen und staatlichen Einrichtungen durchaus verschieden ist. Wir sehen die Art der Werthaneignung auf höchst verschiedene Weise ausgeführt: Sklaverei, Dienstpflicht, Zehnten, Halbpacht, Pacht, Miethe, Lohn bilden eine Reihe von Formen davon; wir sehen die

rechtlichen Grundlagen, auf denen sich das ganze Wirth=
schaftsleben aufbaut, vom absoluten römisch = rechtlichen
Eigenthum bis zum Communismus; von der unbe=
grenzten Verpflichtung des Einzelnen gegen den Staat,
wie im Alterthum, bis zur engsten Begrenzung des
Staates dem Einzelnen gegenüber, wie im Mittelalter;
von den Soldheeren bis zur allgemeinen Dienstpflicht,
zu verschiedenen Zeiten ganz verschieden geregelt. Wir
wissen, wie die Werthvertheilung, welche durch das
Medium der Concurrenz, des Angebots und der Nach=
frage geschieht, modifizirt werden kann und wird, je
nachdem man durch staatliche Maßregeln, als Schutz=
zölle, Verbote, Privilegien, Monopole, Niederlassungs=
gesetzgebung und durch allerlei Maßregeln der Gesetz=
gebung und Verwaltung, wovon nichts die natürlichen,
sondern Alles nur die menschlich gemachten Verhältnisse
ausdrückt, auf jene Faktoren einwirkt. Und wir dürfen
nicht unterlassen, hier zu betonen, daß ja auch die
Idee der Freiheit und Gleichheit ein geschichtliches, kein
natürliches Prinzip ist, welches sich erst nach langem
Widerstande der natürlichen Verhältnisse zur Anerken=
nung einer Kulturidee hindurchgerungen hat; auch hier
haben wir es mit Einrichtungen zu thun, welche der
menschlichen Willkür entsprungen sind, diese freilich im
philosophischen Sinne, nicht in dem des gewöhnlichen
Lebens, welches scheinbar unmotivirte Handlungen dar=
unter zu verstehen pflegt.

Aus dem Vorstehenden ergiebt sich zweierlei: erstens,

daß es sich bei der Arbeiterfrage nicht handelt um eine allgemeine Werthproduzentenfrage, sondern um eine Frage der Werthvertheilung durch soziale Einrichtungen und unter soziale Klassen, und zweitens, daß es sich nicht handelt um unabänderliche Wirthschaftsgesetze, sondern um — im obigen Sinne — willkürliche Schöpfungen.

Es ist klar, daß die Gesellschaft auf Grund der Verschiedenheit der Thätigkeit und des Einkommens, also vermöge ihres Antheils an der Produktion und Werthaneignung in verschiedene, wohl unterscheidbare Gruppen zerfällt, je nachdem sie direkt oder indirekt an der Produktion Theil nehmen, und je nachdem ihr Antheil an der Werthaneignung bestimmt wird entweder durch die dauernde Herrschaft über Produktionsmittel in Gestalt bereits vorhandener Werthe oder durch die stets wiederkehrende Nöthigung, sich Werthe zu erobern ohne die Vortheile der Werthbeherrschung zu haben. Die Tendenz aber jedes einzelnen Menschen, der von denselben sittlichen Anschauungen, welche von der Gesammtheit gebilligt werden, getragen wird, geht dahin, sich seinen Werthantheil durch eine dauernde Herrschaft über Produktionsmittel zu sichern und ihn dadurch dauernd garantirt zu sehen. Der Staat, als Organ der Kulturbestrebungen seiner Bürger, wird es mithin als seine Aufgabe betrachten müssen, diese Garantieen nicht nur rechtlich, sondern auch faktisch Allen zugänglich zu machen. Denjenigen, welche im historischen

Besitze solcher Garantieen waren, hat er denn auch beim
Uebergange zur modernen Volkswirthschaft dieselben nicht
nur erhalten, sondern durch die schroffere Ausbildung
des Eigenthumsrechts zu Gunsten der bisher vorzüglich
Berechtigten gestärkt, und indem er die unbedingte Aneignung der früher durch mancherlei Rechte und Pflichten
im Gebrauch beschränkten Produktionsmittel zuließ, gestattete er der modernen wirthschaftlichen Technik den
Theil der Gesellschaft, welcher unmittelbar an der Güterproduktion betheiligt ist, ganz neu zu gruppiren, die
Unternehmer den Arbeitern in einem ganz eigenthümlichen Verhältnisse gegenüber zu stellen.

Die moderne Arbeiterklasse vereinigt Merkmale in
sich, welche dieselbe als eine ganz neue Erscheinung
charakterisiren, für welche wir kein historisches Präcedens
haben, und zu welcher der Staat mit Bezug auf seine
eben bezeichnete Aufgabe noch keine Stellung genommen
hat. Die Arbeiterfrage ist eine noch offene Frage.

Die moderne Volkswirthschaft drängt immer mehr
darauf hin, die ursprüngliche Art der Produktion, wo
das Ergebniß der Arbeit durch das Eigenthum an den
Produktionsmitteln und dem Stoff gesichert war, dadurch zu ersetzen, daß die Produktionsarbeiten als Dienste
erscheinen, welche von dem Besitzer der Produktionsmittel auf dem Wege jederzeit lösbaren Vertrages ge-
kauft werden. Die gegenwärtige Form der Produktions-
arbeit besteht also darin, daß der Arbeiter, welcher bei
der Erzeugung der materiellen Güter mitwirkt und des-

halb von ihr, ihren Schwankungen und Conjuncturen
abhängt, fremden Stoff bearbeitet, ohne durch seine
Arbeit ein Anrecht an denselben zu gewinnen: also ein
System der Lohnarbeit; und dafür wird er im Voraus,
vor der Realisation des Produkts als Werth, durch
einen Geldbetrag abgefunden, welcher sich zwar als ein
Theil der Produktionskosten der bestimmten Waare ver-
rechnet, auf dessen Verhältniß zum Ertrage des Produkts der Arbeiter aber keinen Einfluß hat. Ein jedes
dieser Merkmale ist von bestimmten Folgen für diejenigen, auf deren Thätigkeit es zutrifft, begleitet: Erstens
die Abfindung der Arbeit durch vorausbezahlten Geld-
lohn und die rechtliche wie faktische Lostrennung des
Arbeiters vom bestimmten Produktionszweige ermöglichen
die Bildung einer besonderen Arbeiterklasse, welche sich
aus allen kapitalistisch betriebenen Zweigen der Produktion als eine homogene Masse herausbildet; ferner die
direkte Mitwirkung der Arbeiter in der materiellen Produktion bedingt die Mitübernahme des Risikos durch
dieselben; drittens die Abhängigkeit vom fremden Kapital bedingt die Abhängigkeit der Lage, und die Art
der Abhängigkeit die Unsicherheit der Existenz; endlich
die Verrechnung des Arbeitslohns als Theil der Produktionskosten bedingt das Streben der Produzenten,
ihn zu einem möglichst geringen Antheil derselben herab-
zudrücken, und zugleich gestattet die Vorausbezahlung des
Arbeitslohns dem Empfänger nicht, Einfluß auf den
ganzen Gang der Produktion und auf die Werthver-

theilung zu nehmen. Der Arbeiter ist also in keiner
anderen Weise mit den letzteren verbunden, als daß er
gegen den Produzenten einen rechtlichen Anspruch auf
irgend eine Bezahlung hat, deren Betrag im Voraus
zwischen beiden ausbedungen ist, möge dieselbe als Ver-
gütung für die Zeit der Beschäftigung erscheinen oder
in Form der Bezahlung für ein bestimmtes Quantum
gethaner Arbeit, also in Gestalt des Zeitlohns oder des
Stücklohns resp. Accordlohns. Diese beiden Lohn-
formen, so verschieden sie auch auf den ersten Blick
scheinen mögen, sind in der That ganz gleicher Natur.
Daß in der einen die Kräfte des Arbeiters auf eine
bestimmte Zeit, in der andern für ein bestimmtes Pro-
duktionsquantum gefesselt und bezahlt werden, bedingt
volkswirthschaftlich keinen prinzipiellen Unterschied. Dieser würde nur dann vorhanden sein, wenn in dem einen
Falle der Arbeitslohn eine Entlohnung für den Kraft-
aufwand, im andern ein bestimmter Werthantheil am
Produktionsertrage wäre. Der Accordlohn stellt sich
aber als Betheiligung des Arbeiters an der Produktion,
als ein principiell festgestellter Antheil am Produkten-
werth keineswegs dar, sondern ist ein rein äußerlicher,
beliebiger Modus, durch welchen ein möglichst großer
Arbeitsaufwand in gegebener Zeit und eine Ersparniß an
Aufsicht erzielt werden soll; er ist ein etwas modifizirter
Zeitlohn und stellt ebenso wenig wie dieser den Arbeiter
in ein engeres Verhältniß zum Produktionsgange. Die
Möglichkeit, beim Accordlohn in derselben Zeit mehr

zu verdienen, liegt nur in der besseren Kraftausnutzung;
und den Maßstab für die Lohnhöhe geben dieselben
Rücksichten wie beim Zeitlohn. Der Unterschied zwischen
beiden Lohnarten ist mithin nur ein technischer, kein
prinzipieller, und ändert nichts an der Stellung des
Arbeiters und seines Einkommens.

Aus dem Vorgetragenen ergiebt sich also für die
modernen Arbeiter, daß dieselben bei den Schwankungen
der Güterschaffung und den Chancen der Werthaneignung durch das Medium des Produzenten als Kapital-
beherrschers betheiligt sind, ohne selbst eine ähnliche
Herrschaft über diese sie angehenden Verhältnisse zu
haben, so daß sie den Nachtheilen ausgesetzt sind, welchen alle an der Güterproduktion unmittelbar Betheiligten unterliegen, ohne die Vortheile der Stellung sich
aneignen zu können; und es wird ferner klar, daß sich
die Arbeiter als eine besondere Klasse den Produzenten
deutlich genug gegenüber stellen lassen. Mag auch der
Uebergang der Arbeiter zur Produzentenklasse in mannigfachen Abstufungen Statt finden, so ist doch nach
dem Vorgesagten wohl nicht zweifelhaft, wo die Grenze
für die Arbeiterklasse und Arbeiterfrage theoretisch zu
ziehen ist. Ob der Arbeiter im Dienste eines Unternehmers ist, der ihm dadurch näher steht, daß er seine
persönliche Kraft auch mit einsetzt, oder eines solchen,
der sich auf das bloße Dirigiren seiner Arbeitskräfte
beschränkt, ist im Grunde gleichgültig. Die Arbeiterfrage ist nicht nur eine Frage zwischen Großunternehmer

und Arbeiter, sondern eine Frage nach der Stellung
des Arbeiterstandes überhaupt; die Frage, ob und wie
demselben Gleichheit und Freiheit in der modernen Ge=
sellschaft garantirt wird. Da die Arbeiterfrage aber
einen rein wirthschaftlichen Grund hat, so wird sie sich
dahin formuliren, ob die jetzige Stellung der Arbeiter
in der Volkswirthschaft eine derartige ist, daß diese
Garantie gegeben ist, eventuell wie sie gegeben werden
könne?

Nun können wir, den vorhergegangenen Erörte=
rungen folgend, nicht leugnen, daß in der Stellung der
Produzenten den Arbeitern gegenüber eine Gefährdung
der letzteren liegt, denn es besteht bei diesem Verhältniß
eine Willkür des Produktionsherrn nach zweierlei Rich=
tung, erstens nämlich bei der Werthschaffung mit Bezug
auf den Gang der Produktion, und zweitens bei der
Werthvertheilung mit Bezug auf das Verhältniß des
Arbeitslohns zum Arbeitswerth, die Lohnquote. Was
das erstere Verhältniß anlangt, so ist der Zustand der,
daß, während die Arbeiter von allen Schwankungen
der Produktion betroffen werden, ohne doch selbst auf
den Gang derselben Einfluß zu haben, für die Unter=
nehmer keine Verpflichtung besteht, ihnen das Risico in
ähnlicher Weise zu vergüten, wie sie selbst es sich be=
rechnen, oder sie gegen die Wechselfälle derart zu ver=
sichern, daß in schlechten Zeiten Fortbeschäftigung, in
Alter und Krankheit Unterstützung gewährt wird. Aus
dem zweiten Verhältniß aber ergiebt sich die Möglichkeit

einer wachsenden Vermögensungleichheit durch ungleiche
Aneignung des Produktionsertrages. Aus beiden aber
geht die Möglichkeit hervor, und nach den bei den
Besitzenden herrschenden Anschauungen über das Eigen=
thums= und Arbeitsrecht sogar die Wahrscheinlichkeit,
daß die wirthschaftliche Ungleichheit und Unfreiheit im
Zunehmen begriffen sei und nicht verfehlen werde, sich
auch auf politischem Gebiete von Neuem geltend zu
machen. Da aber anderseits das Prinzip der Freiheit
und Gleichheit auch den Arbeitern gegenüber anerkannt
ist, so muß daraus ein Kampf zwischen ihnen und den
Unternehmern entstehen, welcher gewaltsam, wenn nicht
friedlich entschieden werden wird. Wir sehen diesen
Prozeß thatsächlich sich vollziehen, wir sehen den Kampf
heftiger werden, je mehr die Arbeiterklasse durch die
nivellirende Form der Thätigkeit und des Einkommens
sich als ein Ganzes fühlt, und ihn hie und da in Ex=
plosionen ausbrechen, welche durch die stehenden Heere
unterdrückt werden müssen, die sich schon nicht mehr nur
für den äußeren, sondern auch für den inneren Frieden
unentbehrlich zeigen; ein beständiges Wahrzeichen für
die noch niedere Stufe unserer Civilisation. Niemand
kann sich der Wahrnehmung verschließen, daß unsere
sozialen Zustände einer wachsenden Gefährdung unter=
liegen, während die Bemühungen zur Beseitigung der
Mängel nicht aus dem Stadium der Projecte heraus=
treten. Niemand kann leugnen, daß der Kampf bereits
da ist; den Grund desselben glauben wir klargestellt zu

haben; die Nothwendigkeit, ihn zu beseitigen, ist evident, und es handelt sich um die Mittel.

Für die Herstellung einer Organisation in der Gesellschaft giebt es nur zwei Wege: Gewalt und Recht. Die Anwendung der ersteren scheint ungerechtfertigt, wenn unsere bisherigen Deduktionen gerechtfertigt waren; sie erscheint als dauerndes Mittel auch ebenso kostspielig als unausführbar, denn selbst angenommen, daß man die Unterjochung der arbeitenden Klassen durch Gewaltmaßregeln für erfolgversprechend halten könnte, würde doch das Grundprinzip der heutigen Civilisation zu fest und mächtig im Bewußtsein der Gesellschaft sein, als daß man diesen Weg zu betreten sich entschließen könnte.

Sobald man daher das Bestehen der Frage überhaupt anerkennt, wird sie zu einer solchen der rechtlichen Organisation, einer Rechtsfrage. Das gegenwärtige Rechtsverhältniß der Arbeiter und Unternehmer formulirt sich nun bekanntlich kurz dahin: dasselbe besteht in einem Vertrage über die Miethe der Kraft des Arbeiters für die Bearbeitung des Stoffes des Unternehmers, deren Preis sich nach Vereinbarung der Contrahenten richtet, wobei beide Theile nach ihren Kräften einen möglichst günstigen Preis zu erreichen und möglichst wenig bindende Verpflichtungen sich selbst aufzuerlegen suchen. Das ist der ganze wesentliche Inhalt des modernen Arbeitsrechts, und die Folgen desselben bestehen in der beschriebenen Lage der Arbeiter. Sind

aber dies die Folgen, so wird die Nothwendigkeit einer
Reform und zugleich die Richtung derselben ersichtlich
sein. Sind denn nun aber die allgemein als bestehend
anerkannten Uebelstände auch gerade als Folgen dieses
Arbeiterrechts allgemein anerkannt? Prüfen wir die Mei-
nungen darüber, welche wir entnehmen können aus den
Vorschlägen, die man für die Reform jenes Zustandes
gemacht hat.

Unter den Reformvorschlägen betreffs der Arbeiterfrage können wir sofort zwei Gruppen unterscheiden:
die erste geht von der Ansicht aus, daß die Gestaltung
des heutigen Arbeitsrechts eine durchaus gesunde und
dem Prinzip der Freiheit und Gleichheit entsprechende
sei; die andere giebt durch die Art der proponirten
Maßregeln zu erkennen, daß sie wenigstens die aus
jenem Recht hervorgegangene Form der Entlohnung
oder aber auch das ganze Rechtsverhältniß zwischen
Arbeiter und Arbeitgeber für verbesserungsfähig halte.

Zu der ersteren Gruppe gehören alle diejenigen,
welche die Arbeiterfrage rein arithmetisch auffassen, indem sie vermeinen, daß es sich nur darum handle,
Nachfrage und Angebot so zu regeln, daß der Preis
sich dem Arbeiter günstig stelle; denn sobald das Einkommen des Arbeiters auskömmlich ist, sei nicht ab-
zusehen, worin die Arbeiterfrage bestehen könne. Zur
Erreichung dieses Zwecks giebt es nach ihnen zwei volkswirthschaftlich zu billigende Mittel, nämlich erstens, daß
die Arbeiter durch Auswanderung oder durch Enthaltung

von Vermehrung eine starke Nachfrage nach sich selbst
hervorrufen, und zweitens — zur Anerkennung dieses
Mittels wird die liberale Nationalökonomie durch die
Logik nur widerwillig gezwungen — daß die Arbeiter
durch Uebereinkommen unter sich, durch Arbeitseinstel=
lungen oder Drohungen mit solchen, die Nachfrage nach
sich insofern zu ihren Gunsten gestalten, als sie die Un=
ternehmer durch wirklichen Mangel oder, was volks=
wirthschaftlich dasselbe ist, Furcht vor Mangel zu ver=
mehrtem Angebot ihrer Waare, nämlich des Geldes,
zwingen. In beiden Fällen wird also von den Arbei=
tern verlangt, daß sie durch moralische Kraft, vermit=
telst einer Aenderung des Verhältnisses von Nachfrage
und Angebot indirecten Einfluß auf die Unternehmer
üben; man verlangt Selbsthülfe von Seiten der Ar=
beiter, und setzt dabei voraus, daß die Arbeiterfrage
nur in der Frage nach der Höhe des Arbeitslohns be=
stehe. Es werden Mittel zur Erhöhung des Lohnes
angegeben, ohne daß dabei die normale Höhe des Loh=
nes gekennzeichnet würde. Wenn man hier von der
Annahme eines zu niedrigen Lohnes als Grund der
Arbeiterfrage ausgeht, so tritt an uns also zunächst die
Frage heran, ob die Arbeiterfrage überhaupt eine Lohn=
höhefrage sei, und inwiefern? Die Antwort ergiebt sich
uns ohne Weiteres aus der vorherigen Darstellung der
prinzipiellen Lage der Arbeiterklasse; ist diese richtig, so
erscheint die Frage der absoluten Lohnhöhe als ein ganz
untergeordnetes Moment derselben, denn uns scheint es

vielmehr darauf anzukommen, die Stellung dieser Klasse
gegenüber der Willkür der wirthschaftlich Mächtigeren
nach zwei Richtungen hin zu wahren: bezüglich des
Produktionsganges und bezüglich der Werthaneignung.
Bei dieser letzteren handelt es sich aber nicht um die Si=
cherung irgend einer absoluten Lohnhöhe, sondern um die
Sicherung vor einer ungerechten Werthvertheilung zwischen
Kapital und Arbeit und um die Sicherung des Ein=
kommens aus der Arbeit überhaupt. Allerdings wird
die absolute Lohnhöhe in zweiter Linie insofern in
Betracht kommen, als eine gewisse Höhe erfordert
wird um erstens die Sicherheit der Existenz auch in
Zeiten zu gewährleisten, wo kein Einkommen aus Arbeit
bezogen wird, und zweitens, um die Lebenshaltung des
Arbeiters so hoch zu halten, daß er an den Vortheilen
des Kulturlebens Theil nehmen kann. Hinsichtlich dieses
Punktes müssen wir aber bedenken, daß zwar die Ein=
kommenshöhe von der Höhe der Lebenshaltung unzer=
trennlich ist, in der gegenwärtigen Gesellschaftsverfassung
aber einzig die letztere eine Garantie für Beibehaltun gder
ersteren gewährt, weil sie die einzige erkennbare, nicht
auf willkürlichen wirthschaftlichen Conjuncturen beruhende,
dauernde und natürliche Grenze und Grundlage des
Arbeitseinkommens bildet. Ein anderer, dauernd brauch=
barer Anhaltepunkt zur Bestimmung des Lohns ist unter
dem gegenwärtigen Arbeitsrecht, welches jene Vor=
schläge unangetastet lassen wollen, nicht gegeben. Hierin
liegt auch der richtige Grundgedanke des berühmten

Ricardo'schen Lohngesetzes. Hält man dieses fest, so
muß man auch zugeben, daß die direkte Einwirkung auf
die absolute Lohnhöhe den Kern der Arbeiterfrage nicht
ausmacht. Jene erwähnten Mittel entspringen daher
schon einer falschen Grundanschauung; aber auch die
Mittel an sich als verfehlt zu erweisen dürfte nicht
schwer sein. Sehen wir ab von der wunderbaren Idee,
eine soziale Frage, bei der es nicht auf die quantita=
tive, sondern auf die qualitative Zusammensetzung der Ge=
sellschaft ankommt, auf arithmetischem Wege beseitigen
zu wollen, und denken wir uns, daß es wirklich die
rechnungsmäßige Lohnhöhe sei, auf die es ankommt;
sind dann jene beiden Mittel geeignet, den Lohn auf
irgend eine gewünschte Normalhöhe zu bringen und ihn
dauernd darauf zu erhalten? Zuerst sagt man also
dem Arbeiter: Fliehe vor dem naturnothwendigen Druck
des Kapitals, indem Du dich aus seinem örtlichen
Bereiche entfernst; wandre aus, damit die andern Ar=
beiter, welche zurückbleiben, vom Kapital mehr nachge=
fragt und in Folge dessen besser bezahlt werden. Fliehe
über's Meer, da ist die Nachfrage nach Händen stärker;
dann ist denen geholfen, die ihr fortgeht, und denen
die zurückbleiben. Ein anderes Mittel, eure Lage zu bes=
sern, giebt es nicht, denn gegen das Gesetz von Nachfrage
und Angebot kann weder Gott noch der Staat. Jeder
Eingriff dieses letzteren in das Getriebe der Volkswirth=
schaft ist so irrthümlich wie vergeblich; er würde nicht
einmal ungestraft im Stande sein, eine Erniedrigung der

Eisenbahntarife herbeizuführen, welche eure Auswan=
derung erleichtern könnte! So müssen die Anhänger
dieses Vorschlages räsonniren, und wenn die Arbeiter
dem Rathe folgen, so wandern die entschloßensten und
tüchtigsten aus; die Untüchtigeren bleiben zurück, der
Ausfall wird durch stärkere Heranziehung der Frauen=
und Kinderarbeit gedeckt, und die Unternehmer erklären,
niedrigeren Lohn zahlen zu müssen, weil die Bezahlung
sich nach der Leistung richte. Nur hie und da, wo
wirklicher Mangel an Arbeitern eintritt, wird man durch
höheren Lohn Arbeiter aus der Nachbarschaft herbei=
zuziehen suchen, bis dann durch vermehrten Zuzug und
inneren Bevölkerungszuwachs dieselbe Uebervölkerung
eintritt und auf dieselbe Weise beseitigt wird. Man
wendet ein temporäres Mittel an, ohne die dauernde
Ursache zu heben. Und wie viel Orte wären es wohl,
aus denen eine Auswanderung erwünscht erschiene?
Ueberall Klage über Mangel an Arbeitskräften oft Hand
in Hand mit niederen Löhnen, und andrerseits hohe
Löhne und gerade da die Arbeiterfrage am brennendsten.
Und während bei freiwilliger Auswanderung die besten
Kräfte verloren gehen würden, wäre die Organisation
einer unfreiwilligen Auswanderung der Untüchtigen nicht
minder ungerecht gegen die Gezwungenen als gegen
das Auswanderungsziel, ganz abgesehen von unüber=
windlichen praktischen Schwierigkeiten. Man darf es
wohl als müssige Phantasie bezeichnen, auf solche
Mittel zu denken, während es viel näher läge, im Lande

7

selbst dem Rechte der Freizügigkeit eine Organisation
an die Seite zu stellen, wodurch eine dem Bedürfniß
entsprechende Vertheilung der Arbeitskräfte über das
Land hergestellt würde.

Ebensowenig wie diese, kann die andere Art der
Verminderung des Arbeitsangebots, die durch Enthaltung der Arbeiter von der Vermehrung, den beabsichtig-
ten Zweck erreichen. Die Arbeiterfrage zur Bevölke-
rungsfrage machen zu wollen, muß, wie aus den früher
angeführten allgemeinen Gründen, noch aus folgenden
besonderen Widerspruch erfahren: Erstens ist nicht die
Berechtigung einzusehen, wie man die Lohnarbeiter allein
für die Vermehrung der Bevölkerung verantwortlich
machen darf; zweitens ist der Gedanke an sich so un-
klar und unausführbar, daß man ihn nur einen Augen-
blick als praktisch durchzuführendes Problem aufzufassen
braucht, um einzusehen, daß nichts damit gewonnen ist;
ferner ist zu bedenken, daß die Niedrigkeit des Arbeitslohns durchaus keine Folge starker Bevölkerung ist, wie
eine Vergleichung der Löhne in Stadt und Land, in
dicht und dünn bevölkerten Gegenden leicht ergiebt;
vielmehr erscheinen Volksvermehrung und Arbeitsein-
kommen nur in dem Zusammenhange zu stehen, daß
hohe Löhne verbunden mit einer hohen Lebenshaltung
Ehen und Kindererzeugung verspäten, so daß man also
von niedrig gelohnten Arbeitern Enthaltsamkeit ebensowenig erwarten als verlangen kann, von hoch gelohnten
sie nicht zu verlangen braucht. Und weiterhin ist die

Frage der Volksvermehrung und Lohnhöhe durchaus
zu trennen, weil nicht sowohl niedrige Löhne als ein
unsicheres Einkommen diejenigen Nothstände erzeugen,
welche man als Gefahren der Ueberwölkerung bezeichnet,
und weil nicht sowohl in hohem als in unsicherem Ein=
kommen ein Anreiz zum Leichtsinn liegt. Und endlich ist
auch hier, wie schon vorhin, der gemeinsame Grund=
mangel beider Anschauungen zu constatiren, daß keine
dauernde Abhilfe der vermeinten Uebelstände in ihnen
gefunden werden kann, wenn man nicht die zwangs=
weise Auswanderung zu einer stehenden Verwaltungs=
maßregel, die geschlechtliche Enthaltung der Arbeiter zu
einem wirksamen Rechtssatze machen zu können glaubt.

Was nun die dritte dieser Ansichten angeht, welche
die Regelung von Nachfrage und Angebot zu Gunsten
der Arbeiter durch eine Organisation der letzteren gegen
die Arbeitsherrn erzielen will, so haben wir schon in
einem früheren Abschnitt über diese Art von Reform=
versuchen, welche den gesellschaftlichen Kampf zu einem
permanenten machen, geurtheilt. Kein Besonnener wird
eine solche Kampfesorganisation für einen gesunden, der
Gesellschaft ersprießlichen Zustand halten, und man
wird gerade darin den schlagendsten Beweis sehen, daß
eben das moderne Arbeitsrecht mit seinen Consequenzen
reformbedürftig ist, und wie erst dann, wenn auch hier
die Garantieen der Freiheit und Gleichheit gegeben sind,
die Gesellschaft mit gutem Gewissen befugt und berech=
tigt sein wird, alle ordnungsfeindlichen Elemente durch

7 *

ihr Organ, die Staatsgewalt, rücksichtslos zu unter=
drücken.

Wenn wir nun alles dieses zurückgewiesen haben,
so sind wir auf jene zweite Richtung verwiesen, welche
sich in ihren Bestrebungen nicht stricte an die jetzige
Form des Arbeitsrechts als eines unabänderlich gegebenen
hält, sondern die Verbesserungsfähigkeit desselben min=
destens implicite zugiebt. Da nun das jetzige Arbeits=
recht in dem oben formulirten einfachen Abfindungs=
vertrage besteht, so müssen alle Bestrebungen, welche
über diesen hinausgehen, als eine Reform des Arbeits=
rechts angesehen werden. Einige dieser Vorschläge sind
bereits von Allen acceptirt, welche nicht zu den starren
doctrinären und rücksichtslosen Interessenten des Kapi=
talismus gehören; nur herrscht noch nicht allseitige
Klarheit darüber, ob man solche Vorschläge nur als
Wünsche aussprechen dürfe, welche sich durch freie Ver=
einbarung zwischen den Streitenden gewohnheitsrechtliche
Geltung verschaffen müssen, oder die Hilfe der Staats=
gewalt, dieser Allen unentbehrlichen und doch auf so=
zialem Gebiete so viel verpönten Gewalt herbeizurufen
sei. Auch diese Vorschläge theilen sich in zwei Gruppen,
deren eine sich auf die Einkommensverhältnisse, die
andere sich auf die Beschäftigung resp. das allgemeine
Verhältniß zwischen Arbeiter und Arbeitsherrn bezieht.

Sofern die Vorschläge der ersten Gruppe sich nur
auf die Höhe des Lohnes erstrecken, sind sie durch unsere
vorigen Erörterungen schon erledigt. Es wäre hierzu noch

zu nennen die vorgeschlagene Garantie eines Minimal=
lohns. Es ist klar, daß auch dieser an der Lage des Ar=
beiterstandes nichts ändern würde, falls man nicht etwa
Maßregeln finden könnte welche dem Arbeiter diesen
Minimallohn als unentziehbares Minimaleinkommen
verschafften und dadurch seiner Existenz ein sicheres Fun=
dament gäben. Und jetzt werden auch unsere früheren
Bemerkungen über die anderen Reformvorschläge, welche
nur auf eine Aenderung der Lohnform abzielen, das
Tantièmesystem und die Theilhaberschaft, ihre weitere
Bestätigung finden, denn wir können nun hinzufügen,
daß dadurch jene Willkür des Arbeitsherrn nicht auf=
gehoben wird, in welcher wir die Gefährdung der Ar=
beiterklasse fanden. Die veränderte Lohnform verhindert
weder, daß die Arbeitsherrn einen überwältigenden
Einfluß auf den Gang der Produktion üben, noch ver=
schafft sie eine gleichmäßigere Vertheilung der Ertrags=
quoten. Ja, beide gewähren nicht einmal Garantie
für ein absolut höheres Einkommen, und die Industrial
Partnership wälzt zu dem bisherigen Risico der willen=
losen Abhängigkeit von Produktionsgange noch ein
weiteres, das des Einkommens, auf die Schultern des
Arbeiters.

Und hier empfängt nun auch eine Reformidee,
welche wir bei der Betrachtung der allgemeinen praktischen
Reformbestrebungen schon erwähnen mußten, ein neues
Licht, wenn sie zur Arbeiterfrage und den vorherge=
gangenen Erörterungen hierüber in unmittelbare Be=

ziehung gesetzt wird, nämlich die Idee der Cooperation.
Diese, auf die Arbeiterklasse angewendet, bezweckt nicht
nur eine Umwandlung der Lohnform, sondern eine
Beseitigung dieser Klasse als solcher überhaupt. Es
wären damit jene Herrschaftsverhältnisse, welche die Freiheit und Gleichheit bedrohen, durchaus vernichtet. Nun
hat aber diejenige Art der Cooperation, welche in der
Neuzeit die bedeutendsten, ja bewundernswerthe Fortschritte
gemacht hat, die Cooperation des Kapitals gerade dazu
gedient, durch Stärkung der Unternehmerklasse die Elemente der gesellschaftlichen Ungleichheit zu stärken, weil
sie einerseits durch Hinstellung des Kapitals als einer
abstrakten Macht die Gegensätze zwischen Kapital und
Arbeit klarer kennzeichnete, andrerseits aus kleineren
Kapitalien neues Großkapital bilden lehrte, welches mit
allen seinen Vorzügen dem isolirten Kleinkapital ent-
gegentritt; und auch die „Genossenschaften" haben bis
jetzt nur insoweit einige Bedeutung erlangt, als sie sich als
Kapitalvereinigungen darstellen. Ist es Angesichts dieser
Bewegung zu erwarten, daß die Cooperation der Arbeit
so rasch und so intensiv erstarken wird, um den Arbeiterstand in sich aufzusaugen? daß es — abgesehen von
allen anderen Schwierigkeiten — dem Arbeiterstand
gelingen wird, so viel Kapial herbeizuziehen, um den
Kampf mit dem altbefestigten Kapital der Unternehmerklasse aufzunehmen? werden etwa auf dem regulären
Wege der Gesetzgebung und Verwaltung die Besitzenden
und Regierenden geneigt sein, Kapital zur eigenen Ver-

nichtung herzugeben? Wird die Cooperation des Kapitals nicht viel schnellere Fortschritte machen als die der Arbeit? Können und dürfen wir in der sozialen Frage mit Mitteln rechnen, die viel langsamer wirken würden, als die Elemente, welche sie bekämpfen sollen?

Und nun fehlt allen diesen und ähnlichen Mitteln, welche eine Hebung und Veränderung des Einkommens der arbeitenden Klasse im Auge haben, gemeinsam noch ein Erforderniß, um sie als sozialreformatorisch wirksame Maßregeln erscheinen zu lassen, nämlich die Möglichkeit, daß ihre Durchführung durch eine höhere Macht verallgemeinert und gewährleistet werde. Selbst den Fall angenommen, daß die besitzenden Klassen dem moralischen Drucke nachgebend — ein solcher könnte aber nicht erzeugt werden ohne zuvorige Hebung des Arbeiterstandes — sich zu solchen Maßregeln entschlössen, so würde doch eine allgemeine gesetzliche Durchführung nicht nur wegen der Unmöglichkeit einer fortwährenden Controle der Ertragsvertheilung zwischen Unternehmern und Arbeitern, sondern auch wegen der Mannigfaltigkeit der Verhältnisse durchaus unthunlich sein, weil nur wenige Gewerbszweige unter gleichartigen Bedingungen der Werthaneignung arbeiten. Es würde also jede solche Maßregel, selbst wenn gesetzlich decretirt, doch Gegenstand freier Vereinbarung zwischen Herrschenden und Dienenden bleiben, und somit wäre ihre Unwirksamkeit vorauszusehen.

Stellen wir also nun nach alledem Folgendes fest:

Die Arbeiterfrage ist eine Streitfrage zwischen Schwä=
cheren und Stärkeren; sie bedarf somit der Regelung
durch eine höhere, zwischen den Parteien vermittelnde
Macht zu Gunsten der ersteren; sie ist ferner eine Klassen=
frage, sie bedarf also Maßregeln, welche sich über die
ganze Klasse, resp. große Gruppen derselben erstrecken
und durchführen lassen; sie ist endlich keine Lohnfrage,
sondern eine Frage nach den Garantien der Stellung
der Arbeiterklasse innerhalb der Gesellschaft, sie erheischt
also Maßregeln, welche auf die Sicherung und Be=
festigung dieser Stellung direkt abzielen.

Die eigenthümlichen Erfordernisse, welche die Lö=
sung der Frage hiernach verlangt, finden wir nun ganz
oder theilweis in den Vorschlägen jener Gruppe ver=
treten, welche wir vorhin als die zweite hierher gehörige
bezeichneten. Diese sehen von einer direkten Einwirkung
auf die Lohnhöhe sowohl als die Lohnform ab und
beschäftigen sich mit der Regelung des Arbeitsverhält=
nisses selbst. Wir finden hier drei Forderungen von
beachtenswerther Tragweite zu Gunsten der wirthschaft=
lichen Selbständigkeit der arbeitenden Klasse, nämlich
erstens: Die Festsetzung eines Arbeitstages einschließlich
des Verbots der Sonntagsarbeit; zweitens die Einfüh=
rung einer Alter= und Invalidenversicherung der Arbeiter,
und drittens: Regelung respective Verbot der Frauen=
und Kinderarbeit. Man erkennt sofort, daß diese Maß=
regeln einen wirklichen Schutz der Arbeiterklasse als
solcher nach verschiedenen Richtungen hin bezwecken,

und es kommt darauf an, zuzusehen, wiefern dieselben gerechtfertigt und möglich sein und was für Folgen sie haben werden. Untersuchen wir sie der Reihe nach.

Erstens die Einführung eines allgemeinen Arbeits=tages, d. h. eines Normalarbeitstages mit bestimmter Normirung des Anfangs= und Endzeitpunktes, durch Gesetz und Gewohnheit erscheint ganz ebenso möglich, wie einst die Einführung der Sonn= und Feiertage ge=wesen ist; denn das unermüdete Jagen nach Gewinn und Geizen mit der Zeit ist keine Naturnothwendigkeit, sondern eine menschliche Einrichtung. Können wir uns doch sehr wohl denken, daß ohne irgend Jemandes Schädigung z. B. während gewisser Nachtstunden aller Transportverkehr durch internationale Uebereinkunft sistirt würde, da Niemand Schaden haben kann, wenn Alle unter gleichen Bedingungen arbeiten. Aehnliches kann im einzelnen Staat erstrebt werden. Die Hindernisse, welche dergleichen gegenwärtig unmöglich erscheinen lassen, würden sehr bald durch zweckmäßige Einrich=tungen beseitigt werden. Wir brauchen nur an das Beispiel der englischen Fabrikgesetze und ähnliche Maß=regeln zu erinnern, welche von den Interessenten selbst=verständlich für unausführbar erklärt und später als wohlthätig gepriesen wurden. Die Berechtigung und rechtliche Zulässigkeit der Festsetzung einer allgemeinen Feierstunde durch den Staat nebst Erlassung der nö=thigen Maßregeln, welche ihre Ausführung sicherten, kann keinem Zweifel mehr unterworfen sein, sobald nach=

gewiesen worden ist, daß dieselbe durch die Muße, welche
sie für die intellektuelle, moralische und religiöse Kultur,
zu welchen Anstalten theils geboten, theils zu bieten
sind, schafft, zur Hebung des Volkes beitragen würde.
Was würden aber aus einem solchen festen Arbeitstage,
von dem nur für Fälle der vis major, zu dem auch
die Witterungseinflüsse gehören, und im öffentlichen In=
teresse unvermeidliche Ausnahmen zugelassen würden,
für Folgen mit Bezug auf die arbeitenden Klassen re=
sultiren? Wir meinen: erstens eine geistige Hebung
der Arbeiterklasse — entsprechende Anstalten dazu vor=
ausgesetzt; zweitens ein unwiderstehliches Bedürfniß
nach besserer Wohnung und behäbigerer Einrichtung;
drittens eine Ermäßigung des vom Kapital anzueig=
nenden Mehrwerths der Arbeit; und viertens ein ruhi=
gerer Gang der ganzen Produktion; und aus alledem
fünftens eine Erhöhung der geistigen und physischen
Lebenshaltung, die sicherste Stütze für einen angemesse=
nen Arbeitslohn.

Zweitens die Einführung einer Kranken= und In=
validenversicherung ist eine Maßregel, welche nicht ge=
rechtfertigt zu werden braucht, weil ihre Zweckmäßigkeit
wohl allgemein zugegeben ist; nur herrscht weder Ei=
nigkeit noch Klarheit über den Modus der Durchfüh=
rung. Daß sich bei allseitig gutem Willen eine allge=
meine Regel wird finden lassen, welche die Last gerecht
vertheilt und die Zahlung dem Einzelnen ohne Be=
schränkung von dessen wirthschaftlicher Freiheit gewähr=

leiſtet, erſcheint außer Zweifel. Selbſtverſtändlich kann
hier nur von Zwangsverſicherung durch Beiträge aller
Arbeitenden und Arbeitsherrn in beſtimmten, zweckmäßig
abzugrenzenden Bezirken die Rede ſein, nicht von einer
Uebernahme der Laſt durch die Gemeinde, welche nicht
für die Abnutzungsverluſte der Produktion, an welcher
ſie als ſolche nicht betheiligt iſt, auffommen kann. Durch
Verſicherung gegen Arbeitsloſigkeit dem Geſchäftsriſico
ſich zu entziehen, mag hingegen den Arbeitern ſelbſt
überlaſſen bleiben, nachdem der Staat durch leichte und
billige Communicationen und andere Anſtalten des Ver=
kehrs für gute Vertheilung der Arbeitskräfte die Mittel
dargeboten hat.

Drittens die Regelung der Kinderarbeit und Frauen=
arbeit ſtellt ſich aus verſchiedenen Gründen als getrennt
von der Frage der Regelung der Arbeit im Allgemeinen
dar, denn es treten hier Momente hinzu, welche jede
der beiden als eigenthümlicher Kulturmaßregeln des
Staats bedürftig erſcheinen laſſen.

Die Frage der Kinderarbeit, wie die einer ſozialen
Reform überhaupt, ſcheint in untrennbarem Zuſammen=
hange mit der der Kindererziehung zu ſtehen. Daher
haben Alle, welche über ſoziale Probleme geſchrieben
haben und geſellſchaftliche Reformen wünſchten, die Er=
ziehung der Jugend im Sinne ihrer Reformen als die
Grundbedingung für das Gelingen ihrer Pläne betrach=
tet. Nur tritt bei ihnen jedesmal der Fehler ein, daß
ihre Reformen eine völlige Umwandlung der ganzen

Anschauungsweise über soziale Dinge voraussetzen, und deshalb keine Lehrer finden. Es erscheint demnach gerade als erste Grundbedingung für sozialpolitische Maßregeln, daß sie keine Aenderung in der bisherigen Richtung des Denkens voraussetzen und keine fremden Anschauungen in das Volksleben hineingetragen haben wollen, also auch keine unerfüllbaren Ansprüche an die Erziehung stellen. Wir dürfen daher bei der sozialen Frage mit der Erziehung der Jugend nur insoweit rechnen, daß wir eine Erziehung mit allen Hilfsmitteln der gegenwärtigen Kultur überhaupt fordern und gewährleistet wissen müssen. Wir haben also keine Aenderung in der Richtung der Erziehung, sondern nur eine Vervollkommnung der bisherigen Richtung zu Gunsten der Freiheit und Selbständigkeit des Denkens, und ausreichende Kraft und Zeit für dieselbe zu verlangen. Für die Frage der Kinderarbeit wird mithin der Grundsatz unumschränkt zu gelten haben: die Arbeit untergeordnet der Erziehung! Danach muß es ein Normalalter geben, bis zu welchem Kinderarbeit überhaupt verboten ist, und ein solches, nicht leicht hoch genug zu greifendes, bis zu welchem Kinderarbeit zu Gunsten der Erziehung, der physischen sowohl als geistigen, beschränkt ist. Diese Maßregeln nicht nur festzusetzen, sondern auch mit aller Strenge durch geeignete Verwaltungsorgane durchzuführen, hat der Staat nicht nur das Recht, sondern auch die Pflicht; und sein

Recht Eltern und Arbeitsherrn gegenüber endet nur da, wo die Kulturinteressen enden.

Während so die Frage der Kinderarbeit ziemlich einfach sich lösen zu lassen scheint, ist die Regelung der Frauenarbeit weder so einfachen noch unbestrittenen Gesichtspunkten zu unterstellen. Hier handelt es sich um die besonderen Geschlechtseigenschaften und das Verhältniß der beiden Geschlechter zu einander; es handelt sich nicht nur um die Folgen der Frauenarbeit, sondern auch um die besonderen der Arbeitslosigkeit der Frauen; und an diese Momente knüpfen sich unvermeidlich eine ganze Reihe von Gesichtspunkten, welche die Frauenarbeitsfrage zur Frauenfrage, und so zu einem besonders wichtigen Theile der sozialen Frage erweitern.

6.
Die Frauenfrage.

Der Theil der sozialen Frage, welcher die Arbeiter=
frage heißt, nimmt eine eigenthümliche Gestalt an, wenn
wir erwägen, daß unter den Arbeitern auch die weib=
lichen Arbeiter begriffen sind, und daß der geschlecht=
lichen Besonderheiten des Weibes halber die Frauen=
arbeit nicht völlig unter dieselben Gesichtspunkte fällt
wie die der Männer; und zwar ist diese Abweichung
der Gesichtspunkte durch zwei Motive gegeben: einmal
durch die Besonderheiten in der Natur des Weibes,
zweitens durch die Ansichten, welche in der gegenwär=
tigen Gesellschaft über Fähigkeiten, Stellung und Be=
stimmung des Weibes im Besonderen herrschen; davon
die letzteren modifizirbar, die ersteren nicht. Der na=
türlichen Bedingungen, welche auf die Stellung der Frau
als einer besonderen in der Volkswirthschaft von Ein=
fluß sind, giebt es zwei, über welche Meinungsdiffe=
renzen nicht Statt finden können, nämlich ihre Mutter=
schaft und ihre Prostitutionsfähigkeit. Hingegen ist eine
Möglichkeit von Meinungsdifferenzen darüber gegeben,
ob die natürlichen Anlagen des Weibes dasselbe von
gewissen Arbeitskreisen ausschließen, welche den Män=

nern offen stehen, oder ob die jetzt thatsächlich Statt
findenden Ausschließungen nur auf der anerzogenen, wir
möchten fast sagen: geschichtlichen Ausbildung des weiblichen Geschlechts beruhen. Es handelt sich also um
die Arbeitsfähigkeit der Frau, abgesehen von der Intensivität der Arbeit, welche ja auch bei Männern bedeutenden Schwankungen unterliegt, und deren Unterschied zwischen männlichen und weiblichen Arbeitern
gewiß nicht größer anzunehmen ist als zwischen den
äußersten Graden der Männerarbeit. Ueber diesen
Punkt hat man mit mannigfachen, aber gleich wenig
überzeugenden Argumenten für und wider gestritten.
Vernünftigerweise kann sich der Meinungskampf nur
drehen um solche Beschäftigungen, in welchen eine Er-
probung der Frauenarbeit in größerem Maßstabe noch
nicht Statt gefunden hat oder haben konnte, weil dem
Eintritt der Frauen in dieselben ein außerhalb ihrer
Natur liegendes Hinderniß im Wege stand. Ihre wirkliche Befähigung zu diesen wird aber erst dann festgestellt werden können, wenn den Frauen nicht nur der
Zutritt dazu, sondern auch dieselbe Vorbildung zu Theil
geworden ist, wie den Männern. Wo diese Bedingungen noch fehlen, wird man ein sicheres Urtheil nicht
fällen können. Soweit also solche Hindernisse bestehen,
wird man unentschieden lassen müssen, ob Natur oder
menschliche Willkür, d. h. gesellschaftliche Anordnung,
eine Besonderheit in der Stellung der Frau hervorbringen. Unzweifelhaft in der letzteren begründete Be-

sonderheiten der Frauenstellung sind aber diejenigen, für welche man als Motiv die besondere Bestimmung der Frau oder die Angemessenheit der Frauenbeschäftigung in diesem oder jenem Arbeitszweige beibringt und danach die Arbeitsanwendung oder die Erziehung der Frau von vorn herein regelt. Hier sind es die willkürlichen und modifizirbaren Ansichten der Gesellschaft, welche die Frage der Frauenarbeit von der der Männerarbeit trennen und Momente für eine Frauenfrage abgeben. Je nachdem man davon ausgeht, daß die Frau die gleiche Bestimmung mithin auch Berechtigung wie der Mann habe, oder ihre Zwecke denen des Mannes unterordnet; je nachdem die öffentliche Meinung gewisse Beschäftigungszweige für die Frau nicht wegen ihrer erwiesener Maßen mangelnden Befähigung, sondern aus gewissen Gefühlsrücksichten verwirft, wird sich die Frauenarbeitsfrage von der allgemeinen Arbeitsfrage unterscheiden. Nach diesen Gesichtspunkten werden wir unsere Erörterungen ordnen müssen.

Zunächst: welche eigenthümliche Stellung der Arbeiterfrage und Erweiterung derselben zur Frauenfrage bedingen die natürlichen Besonderheiten der Frau? — Da die Frau als Mutter den hauptsächlichsten Antheil an der Erzeugung und ersten Erziehung der Gattung hat, und dadurch von überwiegendem Einfluß auf den Zusammenhalt der Familie und die physische Fortentwickelung des Volkes ist, so muß sie im Stande sein oder in den Stand gesetzt werden, diese ihre besondere

Aufgabe im Interesse der Allgemeinheit wirksam zu er=
füllen. Wir müssen also fragen: ist sie unter den ge=
genwärtigen Rechts = und Arbeitsverhältnissen dies zu
thun immer im Stande? Wir haben gesehen, wie das
gegenwärtige Arbeitsrecht einem Jeden die Verwerthung
seiner Kräfte und den Erwerb seines Einkommens nach
freier Wahl zu suchen gestattet, und wie die Stellung
einer bestimmten durch dasselbe erzeugten Klasse der Be=
festigung und Garantie durch eine höhere Gewalt bedarf.
Wenn nun für die arbeitenden Frauen hier noch obige
Rücksichten hinzutreten, so scheint es unzweifelhaft, daß
die Rechte und Pflichten der Gesellschaft in Bezug auf
sie noch weiter gehen. Einer besonderen Klasse von
Arbeitern, nämlich der Kinder, hat sich unter Zustimmung
aller Unbefangenen die Gesetzgebung bereits in aus=
gedehnterer Weise, als dies hinsichtlich der Arbeiter im
Allgemeinen bis jetzt gebilligt zu werden pflegt, an=
genommen. Als besonderes Rechtsmotiv führt man
dafür die Unmündigkeit der Kinder an, die doch aber
durch mündige Eltern und Vormünder schon geschützt
sein sollten. Thatsächlich sind die Bestimmungen über
die Kinder ein Eingriff in die Rechte der Familie, der
Erwachsenen, und zwar derjenigen Erwachsenen, welche
in Folge des modernen Arbeitssystems nicht im Stande
sind, die Kinder gegen das Bedürfniß der Industrie
nach billiger Arbeit unter der Herrschaft der freien Con=
currenz zu schützen; sie sind ein Schutz gegen das Ar=
beitssystem selbst, welches mächtiger ist als die einzelnen

8

Arbeitenden. Diesen Schutz auch weiter auf die Erwachsenen auszudehnen, kann überhaupt nicht, und am
allerwenigsten nach solchen Vorgängen einem rechtlichen
Bedenken unterliegen; und ebenso wenig dürfte es zweifelhaft erscheinen, welche Richtung derselbe anzunehmen
hat: Er kann nur bestehen in einer Beschränkung der
Frauenarbeit zu Gunsten der zu erzeugenden und heran-
zuziehenden Generation, und damit zu Gunsten der Familie, und mit ihr der allgemeinen Kulturentwickelung,
welche dieses ihr sicherstes Fundament zu verlieren droht.
Es erscheint nun aber kaum ein anderes Schutzmittel
denkbar, als das Verbot der Arbeit verheiratheter Frauen
außerhalb ihres eigenen Hauses und Geschäfts. Dem
Zweck entsprechend müßten eigentlich schwangere Unverheirathete in das Verbot eingeschlossen, kinderlos Ver-
heirathete davon ausgeschlossen sein; indeß fehlt hier
das bestimmte äußerlich greifbare Merkmal, welches im
Verheirathetsein der controlirenden Autorität gegenüber
gegeben ist. Ein solches Verbot, verbunden mit der
Kürzung des Arbeitstages und der Versicherung der
Arbeiter erscheint als das einzige Mittel, die Familie
und somit die Zivilisation gegen den wirthschaftlichen
Fortschritt zu schützen. Die Hebung der Lebenshaltung
und damit des Arbeitslohns, der zwischen dieser als
Minimal- und dem Arbeitswerth als Maximal-Grenze
schwankt, erscheint als nothwendige Folge dieser Maßregel. Die wirthschaftliche Durchführbarkeit derselben
beruht darauf, daß die Nothwendigkeit, allein für die

Familie zu verdienen, den Arbeitslohn der Männer er=
höhen würde; daß ferner die Ordnung in der Haus=
haltung, welche durch außerhäusliche Beschäftigung der
Frau unbestritten leidet, kostenersparend wirkt, und auch
ein Erwerb der Frau durch häusliche Arbeit weder aus=
geschlossen ist noch ausgeschlossen werden kann. Eine
unmittelbare Folge müßte davon sein, daß ein größeres
Arbeitsfeld für unverheirathete Frauen geschaffen würde,
deren Vermehrung durch jenes Verbot übrigens nicht
zu fürchten wäre, weil die Befestigung des Familien=
lebens und der Lebenshaltung die Zahl der auf außer=
häusliche Arbeit beider Theile berechneten Heirathen zwar
vermindern, eine gesunde und für das Ganze heilsame
Familiengründung aber fördern müßte. Freilich dürfen
wir uns nicht schmeicheln, dadurch diejenige Volkszu=
sammensetzung zu erhalten, welche als Ideal einer ge=
sunden Entwickelung vorschweben muß, daß nämlich allen
Heirathsfähigen Gelegenheit gegeben und diese auch von
ihnen benutzt werde, rechtzeitig zur Familiengründung
zu schreiten; ein Zustand, in welchem die völlige Regel=
mäßigkeit des Familienlebens und Geschlechtsverkehrs
hergestellt wäre und jeder kulturwidrige Auswuchs mit
Gewalt zurückgedrängt und bestraft werden könnte; ein
Zustand, dessen wichtige und mächtige Folgen für Kul=
turentwickelung und Verkehr hier auszumalen nutzlos
wäre. Nur das möchten wir hier zurückweisen, daß
die Wünschbarkeit eines solchen wegen der Furcht vor
Uebervölkerung als unzulässig hingestellt würde; denn

8 *

Uebervölkerung, physisch betrachtet, also ein Ueberwachsen der Bevölkerung über die durch sie selbst erzeugten Sub=sistenzmittel erscheint weder je dagewesen noch denkbar, sozial betrachtet, also eine Disharmonie in der Verthei=lung der Bevölkerung eines Landes, wird sie in einem normalen Zustande der Volksentwickelung, wie ihn jene Zusammensetzung zeigen würde, nicht vorkommen. Ab=strahiren wir also von solchen Idealen und wenden wir unsern Blick auf den zahlreichen Theil der arbeitsfähigen weiblichen Bevölkerung, welcher unverheirathet ist oder bleibt. Welche Besonderheiten sind hier wahrzunehmen und welche besondere Behandlung werden sie erheischen?

Die Stellung der unverheiratheten Frauen ist es, welcher als der eigentliche Kern der Frauenfrage be=trachtet zu werden pflegt. Und zwar werden mit Recht in der Regel drei Hauptübelstände hervorgehoben, näm=lich: erstens der zunehmende Mangel an Heirathsge=legenheit, zweitens die Beschränktheit ihres Arbeitskreises und drittens der niedrige Arbeitsverdienst. Wo dieselben vorhanden sind, da drängen sie das Weib mächtig hin auf die Ausnutzung der zweiten ihr innewohnenden Eigenschaft, welche ihre Stellung dem Manne gegen=über zu einer besonderen macht, der Prostitutionsfähigkeit. Wenn uns nun auch hinsichtlich dieser Uebelstände die Statistik noch keine genauen Beweise giebt, auf welche Klassen der Gesellschaft diese mit der volkswirthschaftlichen Entwickelung hervorgetretenen Ursachen trauriger Folgen am meisten wirken, so darf es doch als erwiesen gelten,

daß es sich hier nicht so sehr um die lohnarbeitende
Klasse und noch weniger um die Unternehmerklasse handelt,
überhaupt nicht um die Frauen, welche aus den un=
mittelbar produzirenden Klassen hervorgehen, als um
die, welche aus den anderen Schichten zu ihnen über=
zugehen genöthigt sind. Daraus erklärt es sich wohl
auch, daß in der Literatur über die Frauenfrage diese fast
durchgehends vom Standpunkte der Beamtentochter aus
aufgefaßt wird. Wenn sich demgemäß die Frage nach der
Stellung der unverheiratheten Frauen für die Lohnarbeiter=
klasse wenigstens größtentheils mit der Arbeiterfrage im
Allgemeinen erledigen lassen möchte, so scheint sich die
Frauenfrage betreffs jener Kategorie zu einem selbstän=
digen Theil der sozialen Frage zu gestalten, dessen Motiv
aus den oben bestimmten Eigenthümlichkeiten der moder=
nen volkswirthschaftlichen Entwickelung sich nicht unmittel=
bar herleiten läßt. Doch aber hängen jene Erscheinungen
mit der ganzen Richtung der heutigen Kulturentwickelung
nachweisbar innig zusammen. Wenn nämlich für den
ersten jener beklagten Mißstände, die abnehmende Hei=
rathsfrequenz gerade in den betreffenden Klassen, der Grund
wohl auch mit in der schlechten, verworrenen und präten=
tiösen Erziehung der Mädchen liegt, so ist die Haupt=
ursache gewiß in der jetzigen wirthschaftlichen Stellung
der Männer zu suchen. Die vielfache Nöthigung und
Veranlassung für die jüngeren Männer, welche nicht
der Lohnarbeiterklasse angehören, ihre Ausbildung und
den ersten Erwerb unter häufiger Ortsveränderung,

auf Reisen zu suchen, die längere Ausbildungszeit, welche die stets complizirter werdenden Lebensverhältnisse erfordern, erschweren das Heirathen; das ausgebildete Gasthofswesen und die moderne Art der Geselligkeit lassen das Heirathen weniger als wirthschaftliches Bedürfniß, wenigstens in den Städten, erscheinen. Und dieses steht wieder im Zusammenhange mit dem zweiten der obengenannten Punkte, der Beschränktheit des Arbeitskreises der Frauen. Dieselbe hat nämlich nicht sowohl ihren Grund darin, daß Frauen zu vielen Arbeitskreisen rechtlich nicht zugelassen würden, denn die allermeisten sind ihnen thatsächlich geöffnet, als vielmehr darin daß durch die wirthschaftliche Entwickelung eine Menge von Beschäftigungen, wie namentlich die Textil- und Nahrungsgewerbe, den Frauen entzogen sind, indem sie aus der Sphäre der Thätigkeit der Hausfrau und ihrer Gehilfinnen heraus unter die selbständigen Gewerbszweige verlegt wurden. Diese Entwickelung ist aber so unmerklich im Laufe der Zeit vor sich gegangen, daß man die Veränderung in dem Umfang der Frauenarbeit nicht gleichzeitig empfand und gegen den Uebergang dieser Arbeitsgebiete in Männerhände Verwahrung einzulegen keine Veranlassung fand. Die Idee, daß die Frauenarbeit nur ins Haus gehöre, beherrschte auch hinsichtlich der unverheiratheten Frauen, die früher darin Verwendung gefunden hatten, die Gesellschaftsklassen mit Ausnahme der der Lohnarbeiter so sehr, daß selbst die leichtesten außerhäuslichen Arbeiten, welche die

Frauen auch) bei der heutigen Erziehung sehr gut verrich=
ten könnten, zum großen Theil den Männern überlassen
blieben, wie wir denn, freilich in den einzelnen Ländern
und Gegenden verschieden, eine Menge von Arbeiten
ausschließlich oder fast ausschließlich von Männern
verrichtet sehen, welche von Frauen mindestens ebenso
passend ausgeübt werden könnten. Die Uebereignung
oder Wiedereroberung dieser Gebiete an die Frauen kann
natürlich nicht durch Zwangsmaßregeln, sondern nur
durch allmälige Entwickelung der Gewohnheiten bewerk=
stelligt werden. Diese Beschränktheit der Arbeitsgebiete
führt für die Betroffenen selbstverständlich auch zu dem
dritten der beklagten Mißstände, der Niedrigkeit der
Löhne in den Branchen, auf welche sich die Frauen=
arbeit gegenwärtig zusammendrängt. Wenn nämlich
die Frauen der in Rede stehenden Klassen — von einer
festen Begrenzung derselben muß man absehn — bei
diesem nothwendigen Kampfe der Wiedereroberung von
Arbeitsgebieten in die unmittelbare Betheiligung an
der Waarenproduktion hineingedrängt werden, so treten
ihnen außer den auf die Arbeit überhaupt drückenden
Umständen und einer großen Concurrenz der Mitge=
nossen noch drei Momente hindernd und den Verdienst
schmälernd entgegen: erstens in einigen Zweigen die
Mitarbeit solcher Frauen, welche zu ihrer theilweise
schon andererweitig gesicherten Substanz einen Neben=
verdienst erwerben wollen, deren Arbeit also einen
Minderpreis verträgt; zweitens der größere Druck der

Unternehmer, welche, dem freihändlerischen Prinzip der
rücksichtslosen Werthaneignung gemäß, weiblichen Ar=
beitern gegenüber, denen geschäftliche Uebung, die
Härte und das Zusammenstehen der männlichen Arbeiter
fehlt, die Preise der Arbeit erfahrungsmäßig stärker
drücken als die der Männer; drittens aber ist es die
Prostitution, welche Folge und Ursache des niedrigen
Arbeitsverdienstes der Frauen zugleich ist.

Während es genügt jene beiden ersten Momente
hier nur hervorgehoben zu haben, da Maßregeln zur
Beseitigung und Milderung ersichtlich unmöglich sind,
erscheint das dritte: die Prostitution nicht nur äußeren
Einwirkungen der öffentlichen und privaten Thätigkeit
zugänglicher, sondern auch viel weitgreifender und schwer=
wiegender für die ganze Stellung der Frauen. Wohl
noch nie hat die Prostitution eine so traurige Form
angenommen und die Gesellschaft so schwer geschädigt
und zugleich beschuldigt als gerade in der Gegenwart,
wo ihr hauptsächlichstes und gefährlichstes Motiv das ist:
als Supplement für niedrigen Arbeitslohn oder Ersatz
für eine andere gewinnbringende Beschäftigung zu dienen.
Gerade durch diese wirthschaftliche Grundlage erhält sie
die größte Intensivität und erscheint um so mehr eine
Beschuldigung gegen die Gesellschaft je stärker die öffent=
liche Meinung den Stempel der Schande ihr aufdrückt.
Und dieses letztere ist ja in hohem Grade in der Neuzeit
der Fall, wo den Prostituirten keine niedere Gesellschafts=
klasse wie im Alterthum die Sklaven, im Mittelalter

die Leibeignen zur Seite steht, und wo die Verfeinerung
der Anschauungen und die Empfindlichkeit der Theologie
es nicht mehr zulassen, das Preisgeben des Körpers als
eine zwar etwas übertriebene aber doch liebenswürdige
Wollust anzusehn; keinerlei Entschuldigung und Reiz
umkleidet eine Erniedrigung, welche nur aus dem Gesichtspunkt des Erwerbes betrachtet und betrieben wird. Zwei
Auswege sind uns demnach schon verschlossen, welche
eine Vernichtung der Prostitution als soziales Uebel
herbeiführen könnte, nämlich erstens die rechtzeitige Ver-
heirathung aller Heirathsfähigen, und zweitens die Einführung der Prostitution als ein regelmäßiges und ehr-
bares Gewerbe, nur beschränkt durch gesundheitspolizeiliche
Rücksichten. Die moderne Gesellschaft muß demnach
die Prostistitution, als eine schwer lastende und schwierig
zu tilgende Schuld, anderweitig auszurotten suchen.

Der Verlust, welchen die weiblichen Arbeitskreise
erlitten haben, erscheint uns also der Hauptgrund, daß
die Prostitution als Erwerbszweig eine so bedeutende
Intensivität erlangt hat; und damit steht wohl im Einklang, daß die Klasse der Prostituirten d. h. derjenigen,
welchen einen Theil oder das Ganze ihres regelmäßigen
Lebensunterhalts durch Preisgabe des Körpers verdienen, sich weniger aus der arbeitenden Klasse recrutirt
als aus den Schichten, wo die Frau, aus ihrem häuslichen Arbeitsgebiet verdrängt, sich nur zögernd ein
neues erobert. Der lohnarbeitenden Klasse scheint auch in
dieser Beziehung durch Beschränkung der Arbeit verhei-

ratheter Frauen geholfen werden zu können; für jene
Kategorie aber hat dies Mittel keine Geltung.

Wir würden aber über die Frage, wie weit die Pro=
stitution mit der Organisation der Gesellschaft verflochten
ist und durch Reform dieser beseitigt werden könne, zu
keinem Resultat kommen, wenn wir nicht alle Ursachen,
welche dieselbe erzeugen, aufsuchen. Die schon aufge=
führten mit der Arbeitsfrage direkt zusammenhängenden:
Mangel an Heirathsangelegenheit, Arbeitsfeld und Ar=
beitsgewinn bilden nur den Kern der Ursachen, zu denen
noch andere hinzukommen, um das Uebel zu erhöhen.
Und zwar sind der hervorragenden allgemeinen Gründe
zwei, der eine wirthschaftlich, der andere staatlich. Jener
besteht in der Art der Vertheilung und des Wachsthums
des Volksvermögens, und dieser in dem Mangel an
öffentlicher Fürsorge gegen entsittlichende Einflüsse.

Die wachsende Ungleichheit der Vermögen, welche
in der Tendenz der liberalen Volkswirthschaft liegt,
ebenso wie das rasche Wachsthum, welches die rück=
sichtslose Werthaneignung dem Vermögen des glücklichen
Speculanten ermöglicht, verbreiten die Privilegien des
Reichthums weiter und gestatten Vielen eine Ausübung
der Wollust, welche zuvor das Vorrecht weltlicher und
geistlicher Fürsten war. Zugleich reizt der billige Luxus,
welchen die neuere Industrie verbreitet, verbunden mit
der Abnahme des Bewußtsein von Standesunterschieden,
auch die ärmere Klasse und insbesondere die Frauen
zur Ausdehnung ihres Bedürfnisses nach äußerlichem

Glanz über das durch die wirthschaftliche Lage gerecht=
fertigte Maaß hinaus; und das Beispiel trügerischen
Glanzes macht Viele der Verführung leichter zugäng=
lich. Und so ist es erklärlich, daß gerade diejenigen
Frauen, welche gleichsam an der Grenze der lohnarbeiten=
den Klasse stehen und genöthigt wären zur Gewinnung
eines ausreichenden Lebensunterhaltes ganz zu dieser —
wie sie es ansehen — herabzusteigen, zur Ergänzung
ihres Einkommens sich der Prostitution ergeben, und
somit auf eine Bahn gerathen, welche zur gänzlichen
Vernichtung der Arbeitskraft und zur völligen Hingabe
an jenen anfänglich leichten Erwerb zu führen pflegt;
ein Weg zur Krankheit, Verzweiflung und elendem
Tode. — So, in dieser Art scheint der Kern der Pro=
stituirten gebildet zu werden, an den sich dann die
Prostitution anschließt, welche aus augenblicklicher Noth
und anderen zufälligen Ursachen veranlaßt wurde. Daß
alle diese Ursachen am stärksten wirken in großen
Städten, wo alle Bedingungen der Prostitution günstig
sind und wohin aus der Provinz eine Unmasse junger
Mädchen mit meist unglaublich beschränkten Weltan=
sichten zusammenströmen, ist selbstverständlich. Daß aber
nun alle jene Wirkungen sich so unbeschränkt, wie es
geschieht, geltend machen können, daran trägt einen
guten Theil der Schuld der moderne Staat; dadurch
daß er sich seiner Aufgabe als Träger der Cultur zu
wenig bewußt ist, die wichtigsten Gebiete der Thätigkeit
untergeordneten Kreisen überläßt, wird er mit seinen

Einrichtungen geradezu eine Ursache des um sich greifenden
Uebels. Jede Lücke, die wider besseres Einsehn in der
Bildung und geistigen Freiheit der Staatsbürger bleibt,
begründet eine Mitschuld des Staats. Wenn die Gesetzgebung durch milde Behandlung des unehlichen Vaters,
mangelnden Schutz unehlicher Mütter und deren Kinder
der Verführung Vorschub leistet, so ist die Mitschuld
der Staatseinrichtungen unzweifelhaft. Wenn es ge-
duldet wird, daß durch Bordelle und Kuppelei die Prostitution organisirt und die Klasse der Prostituirten immer
tiefer herabgedrückt wird — denn den geringen medi-
zinischen Vortheilen der Bordelle stehen viel gewichtigere
Gegengründe gegenüber, welche dergleichen Centralstätten
der Wollust für beide Geschlechter nachtheilig erscheinen
lassen —, so ist es wieder der Staat, welcher seine
Aufgabe nicht erfüllt. Und wenn die allmähliche Cor-
ruption des unmündigen Geschmacks des Publikums
durch öffentliche Schaustellungen zugelassen und nichts
zur Veredlung der Genüsse gethan wird, so kann man
auch nur das Ungeschick der Regierenden dafür verantwortlich machen. Ebenso zeigt sich die ganze Art, wie
jetzt die Prostitution der rohen Polizeigewalt überlassen
ist, so wenig geeignet, das Uebel zu mildern, daß man
auch in diesem Punkte der öffentlichen Gewalt den schlechten Gebrauch ihrer Fähigkeiten vorwerfen kann und
muß.

So stellt sich uns also die heutige Form und
Ausdehnung der Prostitution als durch einen Complex

von Urfachen getragen dar, die ihren tiefften Grund in
der Organifation der Gefellfchaft haben. Der un=
mittelbare Zufammenhang der Proftitutionsfrage mit
der fozialen Frage ift aber, wie wir fahen, der, daß
die befonderen Verhältniffe der Frauenarbeit eine Quelle
der Proftitution werden, während fich diefe wieder als
ein Hinderniß derfelben darftellt. Was die öffentliche
Gewalt gegen diefes Uebel thun kann, geht aus unferer
Darftellung von felbft hervor: zunächft die Erweiterung
des Arbeitskreifes für unverheirathete Frauen durch die
Befchränkung der Arbeit verheiratheter Frauen und dann
die Wendung der Staatsthätigkeit nach den Richtungen
hin, welche wir foeben kennzeichneten. Nicht in Be=
tracht kommt hier für uns die gefundheitspolizeiliche
Frage, denn diefe bezieht fich nur auf die Folgen der
Proftitution. Daß von einer unmittelbar repreffiven,
polizeilichen Thätigkeit des Staates kein Erfolg zu
erwarten ift, erfcheint unzweifelhaft, fo lange die Ur=
fachen felbft fortdauern; auch ungerecht wäre ein folches
Einfchreiten, denn die Gefellfchaft hat ein Recht zur Be=
ftrafung unfittlicher Handlungen nur infofern, als fie
in die Herrfchaftsfphäre eines Anderen eingreifen. Erft
dann könnte man dem Staate als Repräfentanten der
Kultur und des Sittlichkeitsbewußtfeins der Gefellfchaft
eine weitergehende Macht in diefer Beziehung einräumen,
wenn er Allen unverkürzt die Gelegenheit zum Guten
und Rechten böte und feine Erziehungsaufgabe an allen
feinen Mitgliedern völlig erfüllte. Ehe indeß die Ur=

sachen der Prostitution nicht gehoben sind, ist es unmög=
lich diese selbst zu bestrafen, geschweige denn zu vertilgen.
Aber werden jene durch die bezeichneten Maßregeln des
Staats gehoben werden? Wir dürften es nur hoffen,
wenn der Staat im Stande wäre auch gegen diejenigen
Ursachen anzukämpfen, welche wir aus der allgemeinen
Entwickelung der Volkswirthschaft hervorgehend erkann=
ten, während er sich hier mit einzelnen Maßregeln zum
Schutz gegen Ungleichheit und Unfreiheit begnügen muß;
und wenn es der Staat ferner in der Hand hätte, den
Frauen die Arbeitsgebiete zu verschaffen, welche ihnen
nicht durch ihre natürlichen Besonderheiten, sondern
durch die Stellung der Frau in der öffentlichen Mei=
nung verschlossen werden.

Außer durch die in der Natur unabänderlich be=
gründeten Momente wird nämlich, wie wir schon hervor=
hoben, die Stellung der Frau und mit ihr die Frauenarbeit
noch durch zwei in der Willkür der Gesellschaft liegende
historische Gründe beeinflußt: einmal durch die Ansicht,
daß nicht alle Arbeitszweige für Frauen passen; und
dann noch weitergehend durch die Ansicht, daß die Frau
an sich eine besondere Bestimmung habe.

Sofern jene erstere Ansicht auf die Behauptung
sich stützt, daß die Fähigkeiten der Frau, abgesehen von
deren Körperkräften an sich, dieselbe zu vielen Berufen
ungeschickt machen, für welche man eine speziell männ=
liche Erziehung und Charakterbildung vorauszusetzen zu
müssen glaubt, so ist diese überall da ungerechtfertigt,

wo wir den Frauen durch Erziehung, durch herrschende
Sitte und Einrichtungen die Gelegenheit versagen, sich
männliche Bildung anzueignen. In der arbeitenden
Klasse, wo Männer und Frauenerziehung gleich oder
fast gleich sind, ist auch der Unterschied zwischen männ-
licher und weiblicher Beschäftigung nur durch den
Umfang der Körperkraft bedingt. Für viele Beschäftigungen ist es aber weniger der Zweifel an der Fähigkeit der Frau als der Zweifel an der Schicklichkeit, welcher
verhindert, daß Frauen in einen oder den anderen Beruf
eintreten. Für dieses Schicklichkeitsgefühl scheinen zwei
Gründe maßgebend: einmal die Trägheit der öffentlichen
Meinung, welche dem Gedanken nicht Raum giebt, daß
veränderte Verhältnisse der ganzen Volkswirthschaft auch
eine veränderte Stellung der Frauen mit sich bringen
müssen, und dann der Zustand der öffentlichen Sittlichkeit,
welcher von einem Zusammenarbeiten beider Geschlechter
und einer zu nahen Berührung im öffentlichen Leben
unangenehme Folgen befürchten läßt. Diese Schranken wird die Nothwendigkeit in ausgedehnterem Maßstabe als bisher überspringen lehren, und wie wir schon
in manchen Ländern die Frauen ohne merkliche Schädigung der allgemeinen Sittlichkeit zu Beschäftigungen
herangezogen sehen, welche in anderen ihnen aus jener
Furcht noch versagt sind, so wird sich dieselbe auch in
diesen als grundlos erweisen. Zudem ist eine Sittlichkeit, welche nur auf ängstlicher Trennung beider Geschlechter beruht, kaum werth conservirt zu werden. Wir

dürfen aber im Gegentheil die Hoffnung hegen, daß
die echte Sittlichkeit gerade dadurch gefördert werden
wird, daß größere Gleichheit der Erziehung und die gemeinsame Theilnahme am wirthschaftlichen Leben dem
Verkehr der Männer und Frauen einen mehr freund-
schaftlichen als geschlechtlichen Charakter geben werden,
während jetzt in den sogenannten mittleren und höheren
Klassen die Schranken der Sittlichkeit fast nur durch
die gesellschaftlichen Umgangsformen und die Ueber-
wachung aufrecht erhalten zu werden scheinen, da —
ein Rest der Ansichten, welche auf allen niederen Kulturstufen über die Frauen herrschen — die Meinung,
daß die Frau um des Mannes willen, diesem zu gefallen da sei, gerade in diesen Klassen durch die Art
der Mädchenerziehung. genährt wird.

Wir werden hiermit geleitet auf den Einfluß, den
die Ansichten über die besondere Bestimmung der Frau
auf Stellung und Arbeit derselben haben. Der unbefangenen Betrachtung, zu der sich zu erheben indessen
schwer genug wird, muß es im Grunde genommen
wunderbar erscheinen, daß man im Gegensatz zu der
Bestimmung der Männer von einer besonderen der Frau
spricht, und nicht vielmehr die allgemein menschliche
Bestimmung, welche durch den gegenwärtige Kultur-
standpunkt angezeigt wird, beiden gemeinsam zuspricht.
Wie kann man aus der Verschiedenheit der Geschlechter
an sich folgern, daß das eine zu diesen, das andere
zu jenen Berufskreisen und Arbeiten bestimmt sei?

Allerdings bekommt die Idee, daß der Mann zu den
äußeren, die Frau zu den häuslichen Arbeiten bestimmt
sei, einen Anhaltepunkt dann, wenn die Mitglieder
beider Geschlechter zur Ehe vereinigt sind. Dann weisen
die nun in Funktion gesetzten physischen Eigenschaften der
Frau unzweifelhaft darauf hin, daß sie die Erziehung
der Kinder und Ordnung des Haushalts, die sich ganz von
selbst daran knüpft, in erster Linie zu besorgen habe;
und wir haben aus dieser ihrer natürlichen Bestimmung
bereits die Forderung der Beschränkung der Frauenarbeit hergeleitet, um die Familie gegen die zersetzenden
Tendenzen der Volkswirthschaft zu schützen. Daraus
folgt aber noch nichts für die unverheiratheten Frauen;
weder für die Erziehung der Heranwachsenden noch
die Behandlung der Erwachsenen. Eine Frau braucht
nicht mehr zur Mutter erzogen zu werden als der Mann
zum Vater, und die Verschiedenheit der Geschlechter,
wenn sie sich nicht in der geschlechtlichen Verbindung
bethätigt, giebt keinen Grund, die Existenz der Frau
unter anderen Gesichtspunkten aufzufassen als die des
Mannes. Der verstandesmäßigen Anschauung möchte
es kaum gelingen, eine Theorie von der besonderen
Bestimmung der Frau zu rechtfertigen. Und doch liegt
das Gefühl davon, so zu sagen, in der Luft. Nur
schwer kann sich ein Zeitgenosse von dem Gedanken
losmachen, daß die Bestimmung der Frau an sich in
einem untergeordneten Verhältniß zu der des Mannes
steht, mag man nun meinen, der Beruf des Weibes

sei es: zu gefallen, oder Kinder zu erzeugen, in der
Ehe zu leben, im Hause des Mannes zu wirken, und
ähnliches. Die Richtung der öffentlichen Meinung ist
hier offenbar noch durch geschichtliche Erinnerungen
geleitet, aus Zeiten wo die die Frau noch keine Ver=
anlassung hatte, den Kreis des Hauses zu durchbrechen,
weil Heirathsfrequenz und Heirathsfähigkeit noch näher
zusammen lagen, der ausgedehntere Kreis der häuslichen
Arbeiten die Frauen im Hause zurückhielt, und wo im
Andenken an die Unterjochung der Frau durch den
stärkeren Mann auf niederer Culturstufe die Frau mit
größerem Recht als jetzt wie ein untergeordnetes häus=
liches Wesen angesehen wurde. Auch mögen die der
Jugend eingeprägten biblischen und antiken Anschau=
ungen über die Frau, welche von Culturverhältnissen
eingegeben wurden, die den heutigen ganz ungleich und
viel niedriger waren, nicht wenig dazu beitragen, daß wir
gehindert werden, unsere Ansichten über die Stellung der
Frauen den thatsächlichen Verhältnissen gemäß zu ändern.
Denn wenn wir zugeben, wie wir nicht anders können,
daß ein großer Theil der Frauen nicht zur Heirath
gelangt und also gar nicht in den Fall kommt, in der
Ehe die geschlechtlichen Eigenschaften in Gegensatz zu
denen des Mannes zu setzen, und daß unsere gegen=
wärtigen volkswirthschaftlichen Verhältnisse eine nützliche
Verwendung der Unverheiratheten im Hause meistens
ausschließen, so ist es unmöglich, den Arbeitskreis der
Frauen enger als den ihrer Fähigkeiten zu ziehen. Ob

aber diese sie von bestimmten Arbeitskreisen ausschließen, werden wir, wie gesagt, erst dann ermessen können, wenn ihnen die Gelegenheit zur Erwerbung von Fähig= keiten für alle Arbeitskreise geöffnet ist. — Daß unter solchen Umständen für die Beurtheilung der Frauen= arbeit auch der Gesichtspunkt kein maßgebender sein kann, daß durch dieselbe den Männern Concurrenz ge= macht werde, versteht sich von selbst; denn er würde identisch sein mit der Forderung, daß die eine Gattung gleichgeschaffener Wesen durch die Willkür der Herrschenden zu Gunsten der anderen hungern solle. Dieser Gesichts= punkt würde ungerecht bleiben, selbst wenn es erwiesen, wäre, daß die Concurrenz der Frau das Einkommen der Männer mindern würde. Als unmittelbar nothwendig er= giebt sich das aber nur dann, wenn durch Mitarbeit der Ehefrau die Familie zerstört, die Lebenshaltung herab= gedrückt wird; und wenn es nicht möglich wäre, durch schützende Einrichtungen die Lebenshaltung vor dem Druck der Concurenz zu bewahren.

Wenn nun aber die angegebenen Gesichtspunkte für die Stellung und Bestimmung der Frau als für die Jetztzeit maßgebend betrachtet werden, so ist es klar, daß die Gesellschaft und in ihrem Namen der Staat dieselben zu verwirklichen verpflichtet ist. Vor allem wird er also dem weiblichen Geschlecht dieselben Bildungs= mittel zu gewähren haben, wie dem männlichen. Und gerade der weiblichen Bildungsanstalten sich anzunehmen hat der Staat besonderen Grund, weil das herrschende

9 *

Vorurtheil die andere Richtung begünstigt; denn der Staat soll nicht nur ein Träger der öffentlichen Meinungsströmung, sondern der wissenschaftlich erkannten Kulturideen und Bedürfnisse sein. Weitergehende Forderungen in diesem Punkte an den Staat zu stellen, scheint für jetzt weder möglich noch berechtigt. Es liegt nicht in seiner Hand, den Frauen weitere private Arbeitskreise zu eröffnen; und ebensowenig kann man der Staatsgewalt zumuthen, bei dem jetzigen Stande der Frauenbildung und ohne vorhergehende Läuterung der öffentlichen Moral durch Erziehung den Frauen ohne Weiteres die öffentlichen Karrieren freizugeben. Eine Untersuchung, wie weit eine Betheiligung der Frauen am politischen Leben, an Stimmrecht und Wahlrecht gerechtfertigt sei, scheint deshalb auch noch gar nicht einmal an der Zeit. Ist es fraglich, ob die Durchführung der allgemeinen Theilnahme der Männer früher gerechtfertigt war, als man für die allgemeinen Verbreitung freier Geistesbildung gesorgt hatte, so ist klar, daß bei der Art, wie unsere Frauen heutzutag denken oder nicht denken ein solches Experiment an ihnen und der Gesellschaft durch nichts als dringend, durch nichts als entschuldbar sich erweisen würde. Die Verwirklichung der Freiheit und Gleichheit erfordert so rapide Fortschritte nicht; wenn dieselbe in der Tendenz der Entwickelung liegt, so genügt es, die ihr entgegenarbeitenden Tendenzen hinweg zu räumen, um sie verwirklicht zu sehen. In der Volkswirthschaft fanden wir solche ent-

gegenarbeitenden Tendenzen; wir fanden sie in der
Eigenthümlichkeit der Arbeitsentwickelung im Allgemeinen,
in denen der Frauenarbeit im Besonderen; in der Stell=
ung der Frauen außerhalb der Volkswirthschaft aber
können wir dergleichen nicht erblicken. Wenn wir
die Veränderungen in der Stellung der Frau in den
verschiedenen Kulturperioden ansehen, so finden wir
vielmehr, daß dieselbe mit der fortschreitenden Kultur
den Männern gegenüber immer unabhängiger wurde,
immer unabhängiger, je mehr das Recht des Stärkeren
aus der Rechtssphäre verschwindet und die Idee einer
Berechtigung Aller zur gleichen Theilnahme an den
Kulturerrungenschaften erstarkt. Wir sehen die Frau
vom kindergebärenden Hausthier zur Lebensgefährtin,
von der Lastträgerin zur Mitarbeiterin des Mannes er=
hoben; und vielleicht werden wir es gerade der modernen
volkswirthschaftlichen Entwickelung, welche die Frau in
das Leben hinauswirft, zu danken haben, daß die Be=
ziehungen zwischen beiden Geschlechtern sich immer
weniger auf die geschlechtlichen Verschiedenheiten, immer
mehr auf die gemeinsamen geistigen und wirthschaft=
lichen Interessen stützen werden. Vielleicht daß dann,
wenn eine neue Phase der volkswirthschaftlichen Ent=
wickelung die Vortheile der modernen mit denen der
früheren verbindet, und die Zusammensetzung des
Volks nach Familien sich jenem Ideale wieder nähert,
welches wir oben bezeichneten, das Verhältniß der beiden
Geschlechter auf einer Vereinigung veredelter Sittlichkeit

und gleichgestimmter Bildung beruhen wird, welches uns heut als fast nie erreichtes Ideal vorschwebt. Denn — dies müssen wir noch betonen — wir sind keineswegs genöthigt anzunehmen, daß mit der steigenden Kultur die sittliche Entartung Hand in Hand gehen müsse. Nicht nur ist die Art unserer Kultur von derjenigen der alten Völker, die wir als Beispiele vor Augen haben, so verschieden, daß daraus keineswegs dieselben Folgen zu resultiren brauchen, sondern wir haben es auch in unserer Macht, uns den Consequenzen, die in der Natur der Dinge zu liegen scheinen, zu entziehen, und durch Erforschung und Erkenntniß der früheren und unserer eigenen Zeit Lehren zu ziehen, wie wir den Gang der Geschichte zu unsern Gunsten ändern können. In diesem Sinne die soziale Frage im Allgemeinen und die hier in Rede stehende Frauenfrage im Besonderen ihrer völligen Lösung entgegen zu führen, muß der langsamen Entwicklung der Kultur überlassen werden. Einstweilen kann nur in einzelnen Punkten, die der Wirkung der öffentlichen Gewalt zugänglich sind, in die Entwicklung eingegriffen werden.

Das aber möchte aus dieser Betrachtung hervorgehen, daß sich gerade in der Frauenfrage die soziale Frage zu einer wichtigen Kulturfrage zuspitzt; wie wir in der Arbeiterfrage das eigentliche volkswirthschaftliche Fundament derselben berührten.

Wenn wir nun hier, wir überall, auf der Voraussetzung fußten, daß die soziale Frage durch eine höhere

Gewalt zu lösen sei, welche den gefundenen Widerspruch vermittele und den schon begonnenen Kampf beilege; und wenn es uns überall schien, daß diese höhere Gewalt nur in der Personifikation der Gesellschaft, dem Staate zu suchen sei, so bleibt uns noch die Aufgabe, das Verhältniß derjenigen Gewalt, welche die soziale Frage lösen soll, und insbesondere das des Staats zur sozialen Frage zu untersuchen.

Der Staat und die Soziale Frage.

Wir sind im Bisherigen von dem Standpunkte ausgegangen, daß die höhere Gewalt, welche die soziale Frage zu lösen habe, der Staat, die Staatsgewalt sei, weil ihr Beruf als höchstes Kulturorgan sie darauf hinweise, die Tendenzen zu zerstören, welche dem Kulturprinzip entgegen wirken. Wir brauchten uns dadurch nicht im mindesten den Sozialtheoretikern anzuschließen, welche durch politische Umwälzungen die Verwirklichung der wirthschaftlichen und der allgemeinen Freiheit und Gleichheit herbeiführen wollen. Wir mußten indeß die nähere Motivirung dieses Standpunktes schuldig bleiben, weil wir vorerst das Wesen und die Theile der sozialen Frage und die verschiedenen Reformmaßregeln, welche zur Lösung derselben überhaupt in Betracht kommen können, zu untersuchen hatten. Es liegt uns also schließlich ob, das Verhältniß der sozialen Gewalten zur sozialen Frage zu betrachten und insbesondere zu erforschen, ob und inwiefern der Staat die Lösung allein in die Hand zu nehmen habe, oder welche andere Macht?

Wo die natürlichen Bedingungen einer höheren Kultur überhaupt gegeben sind, da ist der Staat, d. h.

die Organisation der wirthschaftlichen und politischen Ge=
sellschaft auf Unterlage der natürlichen Kulturbedingungen,
der Träger der gesammten Kultur. Wir sagen der ge=
sammten Kultur; denn auch die Kirche, welche man dem
Staat an die Seite zu stellen pflegt, ist nicht denkbar ohne
Staat, oder — wo dieser fehlt — ohne daß sie selbst zum
Staate würde. Die politischen wie die wirthschaftlichen
Beziehungen lösen sich schließlich auf in Rechtsverhält=
nisse, und die Ursache dieser Rechtsverhältnisse ist der
Staat. Wir haben nun gesehen, wie es sich auch bei
der sozialen Frage um die Verwirklichung und Garantie
prinzipiell anerkannter Rechte handelt, und zwar um
Reformen in der wirthschaftlichen Rechtssphäre, um eine
mehr oder weniger fühlbare und eingreifende Verän=
derung in der Rechtsorganisation der wirthschaftlichen
Gesellschaft. Es handelt sich folglich um eine unab=
weisbare Mitleidenschaft des Staats. Hiermit ist aber
noch nicht gesagt, daß sich die Lösung der sozialen Frage
allein auf den Staat stützen müsse.

Drei Mächte sind denkbar als solche, welche die
Initiative sozialer Reformen ergreifen können: Die po=
litische, die religiöse, die moralische; je nachdem sich die
Gesellschaft einer dieser ihrer drei Gewalten bedienen
will oder kann. Wir dürfen die drei daraus abzulei=
tenden Gattungen der Reformthätigkeit, wenn auch
ungeschickt, bezeichnen mit den Worten: Staatshilfe,
Kirchenhilfe, Selbsthilfe. Im ersten Falle ist es die
Staatsgewalt, die Regierung; im zweiten die Kirchen=

gewalt, der religiöse Apparat, welcher die Reform herbeiführen, die soziale Frage lösen würde; im dritten Falle wäre es die Macht, welche man mit einem kurzen Ausdruck als öffentliche Meinung bezeichnet; sie würde die Gesellschaft zwingen, aus sich selbst heraus Reformen vorzunehmen in der Richtung, welche Gründe des Verstandes und Gefühls ihr als zeitgemäß vorzeichnen.

Die verschiedene Stellung und Befähigung dieser Mächte zu sozialen Reformen läßt sich schwerer klar hinzeichnen als durchfühlen. Die Stellung derselben ist so: Die erste handelt von höherer Einsicht getrieben universell organisirend; die zweite kann einen zwar erhabenen, aber doch dogmatisch beschränkten Standpunkt einnehmen, um der Reform die Wege zu weisen; die dritte wird nur confus tasten nach der Verwirklichung eines allgemeinen Gerechtigkeitsgedankens, ohne sich aus den Fesseln geschichtlich begründeter Vorurtheile losmachen zu können, und nur schwer eine organisirende Kraft entfalten. Freilich aber wirkt gerade sie, einmal erstarkt, unwiderstehlich auf ihr Ziel hin, während die kirchliche Gewalt leicht durch Glaubensparteiungen geschwächt wird, die politische in der Festigkeit ihrer Handhabung so sehr von den Personen abhängig ist. Die Mittel der drei Mächte sind so: Die Regierung ist eine rein äußere Macht; die Kirche wendet äußere und innere Mittel an; der öffentlichen Meinung stehen keine äußeren Organisationsmittel unmittelbar zu Gebote. Die erste, mit Zwang ausführend, stellt mit äußeren

Mitteln bestimmte Rechtsverhältnisse her; die zweite, mit
Autorität gebietend, halb äußerlich, halb innerlich wirkend, schafft durch Aenderung der Sinnesweise bestimmte
Formen, deren Innehaltung auf Pietätsverhältnissen
beruht; die dritte, durch Ueberzeugung drängend, setzt
eine Sinnesumwandlung voraus, der die Veränderung
des sozialen Pflichtgefühls und damit der wirthschaftlichen Verhältnisse zu verdanken sein würde.

Wenn wir uns nun erstens vergegenwärtigen, daß
es sich zur Erreichung des gesteckten Zieles handelt um
die Schaffung neuer Rechtsverhältnisse, so können wir
nicht zweifelhaft sein, welche der drei Gewalten dazu
am fähigsten ist; wenn wir zweitens uns das Endziel
vorstellen: nämlich die Verwirklichung der Freiheit und
Gleichheit durch Schutz der wirthschaftlich Schwächeren
gegen die Stärkeren, dann wird unstreitig die Kirche
mit ihrer Tendenz: nach dem Prinzip der allgemeinen
Liebe und Gleichheit die Unterdrückten zu schützen, als
das geeignete Werkzeug erscheinen; und wenn wir drittens bedenken: daß die völlige Durchdringung des ganzen Volkes mit einer neuen, kulturfreundlicheren Auffassung der wirthschaftlichen Verhältnisse den wirksamsten
Rückhalt aller Reformen bilden muß, so könnten wir
geneigt sein, die Durchführung der letzteren einer Entwickelung ganz von innen heraus, der von der öffentlichen Meinung erzeugten Selbsthilfe zu überlassen.

Das letztgenannte Mittel würde offenbar die beiden
andern entbehrlich und die Initiative der äußeren Ge-

walten überflüssig machen; prüfen wir es daher zuerst
auf seine Anwendbarkeit im fraglichen Punkte. Ist es
denkbar, daß die Entwickelung der moralischen Macht,
die wir öffentliche Meinung nennen, die Gesellschaft zu
friedlichen Reformen auf dem Wege der Selbsthilfe
treibe, durch welche der Ueberwältigung der wirthschaft=
lich Schwächeren durch den Stärkeren vorgebeugt wird?
Die Antwort, scheint es, liegt schon in der Frage und
in den früheren Erörterungen. Die öffentliche Meinung
soll einerseits einen Druck auf die ganze Gesellschaft
ausüben, und anderseits handelt es sich doch nur um
das Interesse eines Theils, und zwar des schwächeren
Theils der Gesellschaft im Gegensatz zu dem des stär=
keren. Der Ausbildung derselben zu einer großartig
wirkenden moralischen Kraft und ihrer Ausdehnung über
alle Schichten der Gesellschaft steht hier der Widerwille
einer mächtigen und intelligenten Klasse entgegen, welche
aus dem System, welches die soziale Frage geschaffen
hat, zu viel Vortheile zieht, als daß sie ihre Anschauun=
gen über dasselbe freiwillig ändern sollte. Einem großen
und gerade dem tonangebenden Theile der Gesellschaft
fehlt also der Trieb, aus welchem eine Reform hervor=
gehen könnte, und damit die Fähigkeit, ohne äußere
Anregung und Anleitung, ja ohne Zwang sich der Re=
formbewegung anzuschließen. Die Kraft, sich zur Selbst=
hilfe zu gestalten, kann die öffentliche Meinung nur in
den Kreisen gewinnen, wo das Interesse an den Re=
formen liegt, und da diese weder Einsicht noch Kraft

genug haben, um das Werk friedlich und im großen
Style durchzuführen, so muß die Reformangelegenheit,
ihrer eigenen Entwickelung überlassen, zu einem Kampfe
ausarten, dessen Resultate, so lange er innerhalb der
gesetzlichen Schranken geführt wird, schwach, bei gewalt=
sam revolutionärer Kampfesweise verderblich für die
ganze Gesellschaft ausfallen müssen. So sehen wir
denn auch in der jetzigen Bewegung, soweit sie auf
„Selbsthilfe" basirt, einerseits nur kleinliche Resultate,
welche schon deshalb keine Hoffnung geben, weil die=
selben Maßregeln allen Theilen, auch den Gegnern,
zu Gebote stehen; und andererseits einen erbitterten und
wüsten Kampf der Interessen, der keinerlei Aussicht
verheißt, daß er durch die Macht der öffentlichen Mei=
nung zu Versöhnung und zweckmäßigen Organisationen
führen werde. Nur hier und da werden den unwilli=
gen Gegnern kleine Zugeständnisse abgerungen; im Ueb=
rigen ein Chaos von Bestrebungen und Ansichten, ein
Ringen um Einfluß und Gewalt, welches ohne Da=
zwischentreten einer höheren Macht eine traurige Zer=
rüttung der sozialen Beziehungen voraussehen läßt.
Scheint es doch, als ob die Lehren der Geschichte, die
Denkarbeit so vieler redlich strebender Geister in die=
sem Punkte auch für die moderne Gesellschaft verloren
sein sollten. Somit dürfen wir schließen, daß eine
selbständige Wirkung der öffentlichen Meinung, die
eigentliche Selbsthilfe unfähig sei zur Lösung der sozialen
Frage, und vielmehr dazu eine Gewalt erfordert werde,

welche nicht nur mehr universell, sondern auch mehr formell und zwingend wirken kann, als eine rein moralische Gewalt, die unter der Wucht der materiellen Interessen erstickt wird.

Als zweite Macht bietet sich dann die religiöse dar in Gestalt der Kirche. Und zwar springt sofort in die Augen, wie gerade die christliche Kirche, welche ja in allen Ländern die herrschende ist, wo die soziale Frage in der geschilderten Form auftritt, vermöge ihrer Lehren und Einrichtungen wohl geeignet sein möchte, denjenigen Geist allgemein in der Gesellschaft zu verbreiten, aus welchem heraus die soziale Frage ihre Lösung finden könnte. Wir meinen hier nicht den Geist der Unterwürfigkeit des Knechtes unter den Herrn, der die duldende Partei mit ihrem Schicksal aussöhnen könnte; nicht den Geist der Demuth, der irdische Entbehrungen gering achten läßt; nicht den Geist der Barmherzigkeit, der zur Sorge für die Armen und Schwachen treibt; sondern wir meinen jenen Standpunkt, der nirgends reiner als im Christenthum sich ausgedrückt, findet: daß nämlich die materiellen Mittel — der Volksreichthum — nur Werkzeuge seien zu einer höheren Kultur, nicht aber verächtliche Werkzeuge, sondern edle, nicht zu einer spezifisch kirchlichen, sondern zur allgemeinen menschlichen Kultur der Gesellschaft verliehene. Gelänge es dem Christenthum, diesen Standpunkt wirklich zur sozialen Geltung zu bringen, so müßten sich daraus sofort zwei Folgen von weittragendem Einfluß auf die Ge-

ftaltung der wirthschaftlichen Verhältnisse ergeben: er=
ftens würde man den Rechten des Besitzes gegenüber
entsprechende Pflichten anerkennen, den Reichthum nicht
nur als individuelles Genußmittel, sondern wie ein
soziales Amt ansehen, und zweitens würden sich für die
Art der Werthschaffung und Werthaneignung gewisse
sittliche Schranken in dem Sinne ergeben, wie wir oben
als wünschenswerth erkannt haben. Speziell würde
sich hieraus eine Verengerung der Grenze des Unter=
nehmergewinns, eine weniger rücksichtslose Ausbeutung
fremder Kräfte, und mit der geringeren Erwerbshaft
eine größere Stetigkeit und Sicherheit der Produktion
ergeben; somit ein ruhigerer und wohlthätigerer Gang
der ganzen Volkswirthschaft. Ist es doch die Vernach=
lässigung und Verleugnung gerade dieser Gesichtspunkte,
welche den Urgrund der sozialen Mißstände aufrecht er=
hält; und wenn wir eine Macht suchen, welche geeignet
sein könnte, dieselben im größten Theil der Gesellschaft
von innen heraus zur Geltung zu bringen, weil sie
prinzipiell stets auf diesem Standpunkte gestanden hat,
so finden wir keine andere als die Kirche, welche inner=
lich wirkende und äußerlich organisirte Macht zugleich
ist. Warum aber, müssen wir fragen, hat denn die
Kirche ihre Mittel nicht zu diesem Zwecke angewendet?
ihre Aufgabe bis jetzt nicht erfüllt? Blicken wir in die
Geschichte zurück, so finden wir, daß die Kirche der
Volkswirthschaft weder immer machtlos noch fremd ge=
genüber stand. Es gab eine Zeit, wo sie Trägerin der

geistigen und der materiellen Kultur war, wo sie durch
ihre Einrichtungen, ihre Gesetze, ihr Beispiel theils
wohlthätig und weise, theils auch verfehlt, jedenfalls
aber machtvoll in das Wirthschaftsleben eingriff. Se=
hen wir aber ihre jetzige Stellung an, so muß man
bekennen, daß der Kirche diese Fühlung mit dem Wirth=
schafts= und gesammten Kulturleben verloren gegangen
ist, und zwar seitdem sie sich, so zu sagen, auf sich
selbst zurückgezogen und in der Ausbildung ihrer Hie=
rarchie und Dogmatik ihre Aufgabe gesucht hat. Aus
einer Trägerin der materiellen und geistigen Kultur ist
sie allmälig eine Widersacherin derselben geworden, und
aus dem Volksbewußtsein ist gänzlich die Vorstellung
verschwunden, daß die Kirche mit solchen Dingen irgend
etwas zu thun haben könne; das Volk ist nicht mehr
gewohnt, für andere als spezifisch religiöse Bedürfnisse,
von leider meist rein formeller Natur, bei der Kirche
Hülfe zu suchen. Durch diese Entfremdung hat die
Kirche ganz die Fähigkeit verloren, in die soziale Frage
gerade da einzugreifen, wo es darauf ankommt, näm=
lich die wirthschaftlichen Verhältnisse zu beherrschen und
selbstständig wirthschaftliche Formen zu schaffen. Sie
muß sich vielmehr jeder Wirthschafts= und Staatsform
anschmiegen und doch zugleich zu derselben in Gegensatz
treten. Und diese Unfähigkeit der Kirche erbte sich auch
auf die Theile fort, welche nach der Trennung von der
romanisch=hierarchischen Organisation sich dem Staate
wieder mehr näherten. Hatte nun die Kirche diese

Stellung längst eingenommen, als sich die Umwandlung
der mittelalterlichen in die moderne Wirthschaft vollzog,
so konnte sie natürlich auf diese auch keinen Einfluß
gewinnen; und sie hatte um so weniger Mittel, das
Ueberwuchern rein materieller Gesichtspunkte in der
Kulturentwickelung zu hemmen, als die eigene Verderb=
niß und das Gewicht der rationalistischen Philosophie
ihre Autorität gerade damals sehr geschwächt hatte. So
konnte es denn nicht fehlen, daß die wirthschaftliche
Bewegung der Kirche vollkommen über den Kopf wuchs,
und daß ihr jetzt gar keine Mittel zu Gebote stehen,
dieselbe in Bahnen zu leiten, welche ihren Prinzipien
entsprechen würden. Wir sehen daher die Kirche der
sozialen Frage rath= und thatlos gegenüber stehen; sie
weiß weder Formen zu finden, welche regenerirend auf
Arbeit und Familie wirken könnten, noch die wirthschaft=
lichen Tendenzen der Gegenwart zu beeinflussen, noch
auch der Staatsgewalt in der Vertretung der Kultur=
interessen zur Hand zu gehen. Nur verneinend, bekla=
gend, auf Prinzipien hinweisend, die sie nicht zu ver=
wirklichen weiß, spielt sie mit ihrem großartigen Apparat
eine bedauerlich kleine Rolle als Kulturinstitut. Und
zumal jetzt, wo der mächtigste Zweig der Kirche, der
römische, die Religion mehr wie je zu einem Werkzeug
hierarchischer Machtentwickelung entwürdigt hat, und
alle seine Kräfte braucht, die Gemüther zum Kampf
für ihre Machtzwecke zu entfalten, die Gesellschaft zu
zerrütten, den Staat zu schwächen, scheint alle Hoffnung

geschwunden, die Kirche den sozialen Interessen dienstbar
werden zu sehen. Hätte sie nicht die Fähigkeit verlo=
ren, formend in die Volkswirthschaft einzugreifen, ihre
Waffen wären andere als die des Dogmatismus und
Fanatismus; ihre Stützen andere als die eigennütziger
Anhänger und gedankenloser Gewohnheitsmenschen; ihre
Versuche, sich der sozialen Bewegung zu bemächtigen,
könnten andere sein als die durch verständnißlose Worte
und rücksichtslose, aufrührerische Agitationen.

So erscheint mithin die dritte Macht, die politische,
als die einzige zur durchgreifenden Lösung der sozialen
Frage geeignete. Um die Stellung und Fähigkeit der
Staatsgewalt der sozialen Frage gegenüber unbefangen
zu würdigen und anzuerkennen, muß man sich freilich
von gewissen Anschauungen über den Staat befreien,
welche die Politik beherrscht haben, seitdem sie zu einer
Reaction gegen den Absolutismus geworden war, der
in Form des Königthums oder der Oligarchie die In=
teressen der Gesellschaft und des Staates von einander
getrennt, einander gegenüber gestellt hatte. Es haben
sich aus dieser Zeit zwei Ariome festgesetzt, welche die
Anschauungen von der Staatsgewalt verwirren und die
Volkswirthschaftspolitik auf falschen Bahnen erhalten;
es sind dies die: erstens, daß es gewisse Grenzen der
Staatsthätigkeit der Gesellschaft gegenüber geben müsse,
und zweitens, daß eine Einmischung der Staatsgewalt
in die Volkswirthschaft schädlich wirke. Diese Ariome,
einstmals, bei anderer Lage der Dinge berechtigt und

heilsam, sind heute ein Hemmniß des sozialen Fortschritts.

So unzweifelhaft es ist, daß die Thätigkeit der
Organe des Staates mit festen gesetzlichen Schranken
umgeben sein muß, ebenso gewiß ist es, daß nach derjenigen Auffassung des Staates, die dem modernen
Bedürfniß entspricht, die Gewalt des Staates als solchen
in bestimmte Grenzen nicht eingeschlossen werden kann.
Heute ist ebenso die mittelalterliche Auffassung des
Staats, welcher eine politische Einheit nur dadurch
hergestellt sah, daß der Einzelne aus seiner Rechtsfülle
einen vertragsmäßig bestimmten Theil an den Repräsentanten der Einheit abtrat, überwunden, wie der
Standpunkt des Absolutismus, welcher den unbeschränk-
ten Herrschern eine dienende und nutzbare Volksmenge
gegenüberstellt. Nach beiden Auffassungen war die
Staatsgewalt eine außerhalb der Gesellschaft stehende
Macht, und es ließ sich darüber rechten, welche Sphäre
ihr anzuweisen sei, um einerseits ihren Bestand zu
sichern und andererseits die Gesellschaft zu schützen.
Nachdem aber die modernen Kulturvölker diese Ent-
wickelungsperioden überwunden haben und eine außerhalb der Gesellschaft stehende Staatsgewalt nicht mehr
anerkennen, vielmehr ein Recht auf Freiheit und Gleichheit Aller vor dem Gesetz voraussetzend, im Staate
nur die Organisation der politischen und wirthschaftlichen Gesellschaft erblicken, welche durch die Gemein-
samkeit jedem Einzelnen die Erreichung der möglichst

hohen Kulturstufe nicht nur sichern, sondern auch ver=
schaffen soll, kann von einer bestimmten Abgrenzung der
Staatsthätigkeit der Gesellschaft gegenüber, einer Schei=
dung von Staat und Gesellschaft nicht mehr die Rede
sein. Ebenso wenig, wie es im modernen Staate eine
prinzipielle Grenze der Steuerpflicht der Staatsbürger
geben kann, weil die Bürger nur zu selbstgesetzten Kul=
turzwecken steuern, ebenso wenig kann eine Beschrän=
kung in den Mitteln Statt finden, welche zur Errei=
chung der vorschwebenden Kulturziele die Gesellschaft
gegen sich selbst vermöge der Staatsgewalt anwenden
will. Die Staatsgewalt ist das Werkzeug der Kultur,
welches die Gesellschaft in der Hand hat; und nur
durch kräftige Anwendung desselben können die Kultur=
fragen gelöst werden.

Daß die Kultur auf dem Prinzip der Freiheit und
Gleichheit aufzubauen sei, ist anerkannt; aber wir ha=
ben gesehen, daß eine Beschränkung des Staats auf
die Gewährung der theoretischen Bedingungen für jenes
gerade auf eine Vernichtung des Prinzips selbst hinaus=
laufen würde; wir haben die ganze soziale Frage sich
eben daraus entwickeln sehen, daß man sich mit der
theoretischen Verwirklichung der Freiheit und Gleichheit
durch die Staatsgewalt resp. durch den Nichtgebrauch
dieser letzteren begnügt hat, ohne die materiellen Stützen
zu geben, welche gegen die Wucht der thatsächlichen
geschichtlichen Entwickelung nöthig sind. Zur Erreichung
des sozialen Gleichgewichts, zur Festhaltung der Kultur=

ziele müssen also die Grenzen überschritten werden, welche eine Beschränkung der Staatsthätigkeit aus gewissen prinzipiellen Gesichtspunkten ergeben würde; und sie können ohne Gefährdung der Gesellschaft, ja sie müssen zum Wohle derselben überschritten werden.

Mit der hier bekämpften Vorstellung, daß Staat und Gesellschaft verschiedene Dinge seien, hängt eng zusammen die Idee von der schädlichen Einwirkung der Staatsthätigkeit auf die Volkswirthschaft, welche ihrem natürlichen Gange, ihren „Naturgesetzen" überlassen werden müsse. Sie entstammt derselben antiquirten Anschauung von dem Zwiespalt zwischen Staat und Gesellschaft, verbunden mit der gänzlich unbewiesenen, durch die faktische Entwickelung widerlegten, aber doch im Interesse einer volkswirthschaftlichen Partei zum unfehlbaren Dogma erhobenen Hypothese, daß die freie Concurrenz das wirksamste Mittel zur Herstellung der wirthschaftlichen Harmonie sei. Wenn sich dieser Gedanke auch in die Formel kleidet, daß unabänderliche Naturgesetze die Volkswirthschaft beherrschen, in welche seitens der Staatsgewalt eingreifen zu wollen vergeblich sei, so ist es doch nach dem jetzigen Stande der Wissenschaft kaum noch nöthig, das Falsche dieser Formulirung nachzuweisen; eine Formulirung, welche nicht nur unsere früheren Deduktionen sämmtlich als vergeblich, sondern auch die ganze Wissenschaft der Volkswirthschaft und die Praxis der Volkswirthschaftspolitik als Chimäre erscheinen lassen würde. Ist man doch aber längst von dem Irrthum zurückgekommen, daß die moralischen Handlungen der Menschen Aeußerungen unbeherrschbarer und unergründlicher Kräfte außer und über ihnen seien. Und da nun alle wirthschaftlichen Strebungen und Handlungen den Charakter von moralischen tragen, so müssen auch sie willkürliche sein und dabei motivirt auf Grund der natürlichen Anlagen, durch die Erziehung, und durch die gesellschaftlichen Zusammenhänge. Deshalb wird sich bei unbefangener Betrachtung nicht leugnen lassen, daß wirthschaftlich mit den Menschen nicht nur gehandelt wird, sondern daß sie handeln, willkürlich und verantwortlich. Und wenn wir dem einzelnen Menschen die Kraft zuschreiben, nach selbstgebildeten wirthschaftlichen Grundsätzen zu handeln und nach selbstgewählten Zielen zu streben, so ist es unmöglich, der Gesammtheit der Einzelnen diese Eigenheit und Fähigkeit abzusprechen. Läßt doch schon die eine Erwägung: daß unleugbar alle Wirthschaftsformen auf Rechtsformen beruhen, deren Schaffbarkeit und Veränderlichkeit durch den Staat Niemand bestreitet, eine solche Anschauung als irrig ohne Weiteres erscheinen. Aber auch wenn dieselbe in jener milderen Form auftritt, wo sie behauptet: daß die freie Concurrenz das gesellschaftliche Gleichgewicht am zweckmäßigsten herstelle und erhalte, weil die Staatsgewalt das Interesse der Betheiligten nicht in dem Grade wahrnehmen könne wie diese selbst, widerlegt sie sich leicht durch den Hinweis darauf, daß zwar das Interesse eines Jeden gleich stark ihn auf seinen Nutzen hinführt, daß aber

die Kraft, ihr Interesse zu verfolgen, durch die geschicht=
liche Entwickelung der Gesellschaft auf die Einzelnen
ungleich vertheilt ist, ja daß die Gesellschaft, indem sie
dem Armen und dem Reichen nicht gleichmäßig Bil=
dungsmittel zu Gebote stellt oder stellen kann, diese
künstlichen Ungleichheiten fortwährend erhält und nährt.
Wir werden also immer und immer wieder hingewiesen
auf die Pflicht der Gesellschaft, durch ihre Kulturmacht,
die Staatsgewalt, die Garantieen der Freiheit und
Gleichheit zu schaffen.

Und wenn es nun als erwiesen gelten darf, daß
von keiner anderen Culturmacht als der Staatsgewalt
die Lösung der sozialen Frage zu hoffen ist, so darf die
Berechtigung derselben hierzu um so weniger in Zweifel
gezogen werden, nachdem ihre Befähigung erwiesen ist.
Und hierüber wird dem Vorhergehenden nur noch Weniges
hinzuzufügen sein.

Die Machtmittel des Staats zur Einwirkung auf
die wirthschaftlichen Verhältnisse liegen in der Gesetz=
gebung der Oberaufsicht, der Verwaltung. Die Ge=
setzgebung, giebt ihm die Mittel in die Hand die
wirthschaftlichen Rechtsverhältnisse so zu ordnen, daß
Garantieen der wirthschaftlichen Freiheit und Gleichheit
in dem entwickelten Sinne geschaffen werden; die Ober=
aufsicht, welche um so strenger gehandhabt werden muß,
je weiter man der Selbstverwaltung der einzelnen klei=
neren Kreise nachgiebt, hat das übermächtige Heraus=
treten von Klasseninteressen zu verhindern; und die Ver=

waltung; wird ihm dazu dienen, überall da selbstthätig einzugreifen, wo die Absicht der Gesetzgebung auf Gewährung von Freiheit und Gleichheit durch die Privatwirthschaft nicht erreicht wird. Und hierin darf die Staatsthätigkeit nicht gehemmt werden durch den Einwurf, daß der Staat stets kostspieliger und schlechter verwalte als Privatleute. Nicht nur ist dieser Vorwurf zum Theil schon jetzt ungegründet, nicht nur kann man die Nothwendigkeit mangelhafter Einrichtung solcher Verwaltung gerade jetzt am wenigsten einsehen und zugeben, wo die Verwaltung von Unternehmungen durch Actiengesellschaften, welche ein vollkommenes Analogon der fiskalischen Verwaltung bildet, so sehr in Aufschwung ist und von den Volkswirthen gepriesen wird, sondern es können auch solche privatwirthschaftliche Gesichtspunkte gar nicht in Anwendung kommen, wenn es gilt, großartige volkswirthaftliche Resultate zu erzielen, deren Werth kaufmännisch gar nicht geschätzt werden kann und zum Theil nur in moralischen Wirkungen beruht.

Wie es nur durch das Ineinandergreifen der genannten Faktoren gelingen kann, die Volkswirthschaft im Sinne einer harmonischen Entwickelung zu leiten, mögen ein paar Beispiele zeigen: Würde durch die Gesetzgebung die Freizügigkeit decretirt, so wäre damit ein Prinzip aufgestellt, welches scheinbar Allen gleichmäßig, in Wahrheit aber den Besitzenden vorzüglich zu gute käme; dann nur diese besitzen zur prinzipiellen Freiheit auch die materielle Grundlage derselben. Sie können sich nun nicht nur überall selbst ansiedeln, sondern auch eine Menge Besitzloser dahin verpflanzen, wo es ihren Interessen augenblicklich am besten entspricht. Durch das Hinzutreten der staatlichen Oberaufsicht wird es erst möglich, einen Mißbrauch der Freizügigkeit einerseits, eine Erschwerung derselben andererseits zu verhindern; und durch die Handhabung der Oberaufsicht in Verbindung mit der Verwaltung kann es erst gelingen den Zweck der Freizügigkeit, nämlich die Möglichkeit für jeden sich mit seiner Arbeitskraft dahin zu begeben, wo er sie am besten verwerthen kann, soweit als denkbar zu verwirklichen. Dazu wird gehören, daß der Staat die Regelung des Verkehrswesens und des Bankwesens zu Gunsten der Beweglichkeit und des Personalcredits der Arbeitenden in die Hand nimmt, die Organisation von Nachweisebureaus in den verschiedener Gewerken anregt und bewerkstelligt, kurz die Initiative zu allen hierher gehörigen Maßregeln ergreift, welche auf dem Wege der Privatthätigkeit gar nicht oder nur zu langsam in's Werk gesetzt werden würden. Denn von Niemand anders als vom Staate kann mit Erfolg verlangt werden, daß er seine höhere Einsicht dazu verwende, um die Ideen, welche in seiner Gesetzgebung ausgesprochen sind, auch für Alle praktisch zu verwirklichen. Ferner: spricht der Staat das Prinzip der Gleichheit zwischen Besitzenden und Besitzlosen durch die Gesetzgebung aus, indem er z. B. auf das Verhältniß von Arbeiter und Arbeitgeber die Anwendung macht, daß ein Arbeitsvertrag nur auf dem Wege kündbarer freier Verabredung geschlossen werden dürfe, so wird er die Bedingungen, welche diese prinzipielle Gleichheit zur wirklichen machen, nur mit umfassender Zuhilfenahme der Oberaufsicht und Verwaltung zur Geltung zu bringen im Stande sein. Um die Kinder- und Frauenarbeit zu regeln, die Normalarbeitszeit und die im öffentlichen Interesse erforderlichen Abweichungen davon eingehalten zu sehen, den Arbeiter gegen die Folgen der Arbeitslosigkeit zu sichern, die gewerbliche wie allgemeine Bildungsgleichheit zu fördern; zu Alledem reicht das Aussprechen des Prinzips durch die Gesetzgebung nicht aus, ja es wirkt theilweise verderblich, wenn das selbstthätige Eingreifen des Staats nicht hinzutritt. So ist es also die Pflicht des Staats, das Prinzip nicht nur auszusprechen, sondern auch zu garantiren, nicht nur theoretisch sondern auch praktisch seine Befugniße zu gebrauchen.

Bei alledem ist freilich Grundbedingung, daß die Gesetzgebung nicht schon das Prinzip, welches sie ausspricht, falsch auffasse. Verheißt sie z. B. Gleichheit aller Staatsbürger in der Verpflichtung zu Steuern, so kann diese nicht dahin verstanden werden, daß das kleine Einkommen dieselbe Quote seines Betrags abgeben solle, wie das große; denn offenbar wird vom richtig verstandenen Prinzip der Gleichheit nicht eine arithmetische, sondern eine soziale Gleichstellung der Steuernden verlangt. Da nun aber der Werth d. h. die gesellschaftliche Macht eines Vermögens nicht in geradem

Verhältniß zu seiner Größe wächst, sondern sowohl die Entbehrlichkeit von Vermögenstheilen für individuelle Zwecke als auch die Möglichkeit, die volkswirthschaft= lichen Verhältnisse zu beherrschen, in progressiver Pro= portion zum Betrage zunimmt, so ist auch eine pro= gressive Besteuerung durch das Prinzip der Gleichheit geboten, und jede Art, welche dieser Forderung nicht genügt, demselben zuwider und verwerflich. Und ebenso wenn der Staat z. B. die prinzipielle Gleichheit in der Vertheidigungspflicht ausspräche, so würde dieselbe rein arithmetisch angewendet gleichfalls nur scheinbar sein, denn wie dort der soziale Werth des Vermögens so ist hier derjenige der Arbeitskraft der Abmessung zu Grunde zu legen, so daß die größere Befähigung nicht durch gleiche Dienstzeit mit der geringeren höher belastet wird. Und so in anderen Fällen.

In dieser Weise das Prinzip der Gleichheit und Frei= heit allseitig durchzuführen kann aber nur einer Staats= gewalt gelingen, welche ohne prinzipiell beengte Be= fugnisse als wirkliche Kulturmacht an der Spitze der Organisation der wirthschaftlichen und politischen Ge= sellschaft steht, und welche nicht nur die Macht der Aus= führung, sondern auch die geistige und moralische Ueber= legenheit besitzt, um die Mittel der Lösung der sozialen Frage zu erkennen und sich anzueignen; einer Staatsgewalt welche mehr ist als ein Organ der oft so unklaren und zerfahrnen öffentlichen Meinung. Es würde also eine Staatsgewalt nöthig sein, welche das Prinzip der Frei=

heit und Gleichheit, zu deſſen Ausführung ſie berufen
iſt, ſchon in ſich trägt. Wenn wir nun aber bedenken,
daß die Staatsgewalt nicht von Außen an die Geſell=
ſchaft herantritt, ſondern aus ihr herauswächſt, ſo
könnte es ſcheinen, das wir uns in einem circulus
vitiosus bewegen, indem wir die Löſung der Frage von
einer Gewalt verlangen, welche ſelbſt an der ſozialen
Frage krankt. Denn es ſcheint klar, daß aus einer
Geſellſchaft, in welcher das Prinzip der Freiheit und
Gleichheit nicht verwirklicht iſt, auch keine Staatsgewalt
gebildet werden und hervorgehen kann, welche unparteiiſch
und ſtark genug iſt, das Prinzip zu verwirklichen.

Solche Schwierigkeiten ſind unleugbar auch im
gegenwärtigen Staat vorhanden, weil die wirthſchaft=
liche Verfaſſung auch auf die Zuſammenſetzung der po=
litiſchen Gewalt von Einfluß iſt; und gerade der moderne
Parlamentarismus iſt eine höchſt wirkſame Form, um
den beſitzenden Klaſſen und insbeſondere dem beweglichen
Kapital, deſſen Beſitz zur vielſeitigen Ausbildung und
geiſtigen Anſpannung mehr anregt als der des unbeweg=
lichen Grundbeſitzes, Gelegenheit zur Beherrſchung der
geiſtigen und materiellen Intereſſen der Geſellſchaft zu
ihren Gunſten zu geben. Und doch muß mit Hilfe
der jetzigen Staatsformen die ſoziale Frage gelöſt werden.
Wir haben weder einen Grund eine gewaltſame Unter=
brechung der politiſchen Entwickelung herbeizuwünſchen, da
wir dieſe in den modernen germaniſchen und romaniſchen
Culturſtaaten auf die Entfaltung der Freiheit und Gleich=

heit unverweilt hindrängen sehn, wobei die äußere Form der Regierungsgewalt eine untergeordnete Rolle spielt — im slavischen Rußland könnte ein aufgeklärter Despotismus wohl schneller und intensiver auf das Ziel hinarbeiten wie irgend eine andere Regierungsform; — noch ist bis jetzt gezeigt worden, in welche andere Bahnen dieselbe einlenken sollte, um die Kulturbedingungen besser zu sichern. Woher nehmen nun aber die aus der modernen Gesellschaft hervorgegangen Regierungsgewalten den Trieb und die Befähigung Maßregeln zur Lösung der sozialen Fragen zu ergreifen? Drei Dinge sind es von denen, wie wir glauben, die Durchführung der nothwendigen Reformen zu erhoffen ist, erstens die geistige Ueberlegenheit derer, welchen die Staatsleitung zufällt, die wohl unverkennbar überall immer mehr aus den Händen der Routine und der nur durch Geburt bevorzugten in die der wirklich Einsichtigen übergeht; zweitens der Zeittrieb, welcher die Interessenherrschaft überwindend die Besseren im Volke unwiderstehlich auf der Entwickelungsbahn zu den erkannten Idealen fortdrängt; drittens aber die Furcht, welche durch mannigfache Ausbrüche der Unzufriedenheit derer, die unter der jetzigen Wirthschaftsorganisation leiden, geweckt, die Herrschenden zum Nachdenken und zum Handeln nöthigt. Diese drei Dinge können die Hindernisse, die in den modernen Staatsgewalten liegen, überwinden helfen und die Politik in die Richtung drängen, welche durch die geschichtliche Entwickelung uns vorzeichnet und nothwendig erschien: die Stärkung der Staatsgewalt, als der höchsten Kulturmacht, zu Gunsten der Freiheit und Gleichheit, und die Anwendung der Mittel, welche der Apparat der Gesetzgebung, Oberaufsicht und Verwaltung an die Hand giebt und durch vervollkommnete Regierungskunst an die Hand geben kann, um die verlangten Garantieen zu beschaffen. Giebt die moderne Gesellschaft diesen Einflüssen nach, so werden sich bei der heutigen Ausbildung der internationalen Beziehungen auch jene Schwierigkeiten beseitigen lassen, welche aus dem engen Zusammenhang der Volkswirthschaft der einzelnen Länder für einseitiges Vorgehen mit Reformmaßregeln entstehen. Daß dieselben übrigens nicht so große sind, wie oft behauptet wird, geht aus der Betrachtung der bedeutenden Besonderheiten der Volkswirthschaftspolitik der einzelnen mit einander verkehrenden Länder und aus einzelnen Beispielen glücklicher einseitiger Initiative hervor, wie uns u. A. England mit seiner Fabrikgesetzgebung ein solches gegeben hat. Auch hindert nichts, daß ein Staat sich gegen widerwillige Nebenbuhler durch wirthschaftliche Schutzmaßregeln vertheidige, welche im Interesse des Völkerverkehrs und der Weltwirthschaft vielleicht nicht wünschenswerth sind; denn vor der Pflege der Weltwirthschaft verdient den Vorzug die der Volkswirthschaft zur Erreichung einer gesunden Gesellschaftsorganisation.

Es wäre tief beklagenswerth, wenn die ganze von

den modernen Völkern zurückgelegte Geschichtsentwickelung, der große bisherige Aufwand an Forschen und Denken so vieler Geister, und die Summe der im Laufe der Jahrhunderte erworbenen Regierungsgeschicklichkeit der heutigen Gesellschaft nicht dienen und hinreichen sollte, um sie den Weg zur ruhigen Weiterentwickelung zu führen; und es wäre traurig wenn die Gährung, welche jetzt die Gesellschaft aufregt, und die Besitzenden besorgt macht, von den Regierenden als eine solche angesehen würde, die durch Gewaltmittel auf die Dauer erfolgreich beseitigt werden könnte. Freilich bedürfen gewaltsame Störungen der Ordnung der kräftigsten Unterdrückung, aber die einzige Art, um sie nicht immer von neuem und stärker wieder auftauchen zu sehen, ist die Beseitigung ihrer Ursachen.